인류학자
말리ㄴ ㅂ스키

인류학에서 미래를 위한
공생주의의 길을 모색하다

전경수 지음

인류학자
말리노브스키

한상복 선생님의 가르침에서 내 인류학 여정이 시작되었다. 선생님과 송경희 사모님께 졸저를 헌정한다.

차례

일러두기

1. 이 책은 저자가 발표한 논문 "말리노브스키의 섹스論"(1994), "말리노브스키의 문화이론: 맥락론에서 기능론으로"(2001), "방법론적 혁명으로서의 토속지와 유배지의 천우신조"(2013)를 수정·보완하고 미소개 사진자료를 발굴하여 엮은 책이다. 각 논문의 자세한 서지사항은 "서언" 12페이지에 실려 있다.

2. 저자는 이 책을 통해 인류학 번역용어의 재정립을 시도하고 있다. 이를테면 저자는 현재 한국 인류학계에서 통용되는 "현지조사(또는 현지작업)Field Research"는 "야연野硏"으로, "현지조사Fieldwork"는 "야로野勞"로, "참여관찰Participant Observation"은 "관문참여觀問參與"로, "조사지(또는 조사노트)Fieldnote"는 "야장野章"으로 새로운 용어를 제시한다. 야연이란 야로를 통하여 야장을 만들어내는 과정을 핵심적으로 간주한다. 이에는 "조사"라는 단어에 대한 근본적인 반성을 요구하는 의미가 담겨있다.

3. 책명은 쌍꺾쇠(「 」)로 묶어 표시했다. 단 원서의 제목을 로마자로 표기할 때에는 이탤릭으로 표시했다.

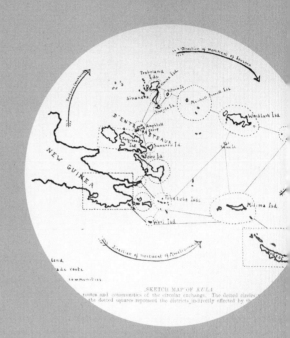

SKETCH MAP OF KULA

routes and communities of the circular exchange. The dotted circles
the dotted squares represent the districts indirectly affected by th

서언

말리노브스키가
동쪽 바다로 간 까닭은?

사진1 말리노브스키의 초상화. 말리노브스키의 죽마고우이자 폴란드 미술사의 거장
으로 알려진 스타니슬라브 비키비츠Stanislaw Wickiewicz(1885~1939)가 "삶의 두려움
Fear of Life"이란 제목으로 말리노브스키의 초상화를 그린 것이다. 작품을 통해 그의
내면이 드러나는 듯하다. 말리노브스키의 인류학적 작품들은 조세프 콘라드류의
리얼리즘을 추구하지만, 그의 내면에는 라이더 해거드류의 판타지 계통의 정신세
계가 꿈틀거리고 있었다는 생각을 하게 한다. 비키비츠는 폴란드 예술철학계의 대표
적인 아방가르드 선구자이기도 하며, 만화, 사진, 영화, 소설, 철학 등의 다양한 장르
에서 작품을 남겼다. 일찍 결혼한 그는 부인이 자살한 뒤 곧 이어 자살을 시도했으나
미수에 그쳤다. 결국 나치가 폴란드를 침공한 데에 대한 저항으로 자살했다. 말리노
브스키와 많은 편지를 주고받았으며, 부인의 자살 후 말리노브스키의 권유로 파푸
아뉴기니로 여행을 하기도 하였다.

한 학문에 입문해서 종사하고, 그것을 직업으로 하기 위해서는 그
학문을 일구어온 선조들의 족적을 제대로 파악하는 것이 필수적
이다. 그 입장이 인류학에서 실천되는 과정과 결과가 인류학사다.
인류학사를 제대로 하지 않고 인류학이란 학문을 한다는 것은 어
불성설이다. 그렇다고 해서 과거의 인류학자들을 다 섭렵한다는
것은 현실적으로 불가능하다. 이상과 현실 사이의 적절한 수준에
서 타협할 수밖에 없는 것이 또한 현실이다. 내가 평생 인류학을 직
업으로 하면서 사표로 삼아 왔던 분이 브로니슬라브 말리노브스
키^{Bronislaw K. Malinowski}다.

　나는 그분의 이름으로 발행되었던 서적은 모두 다 읽어보려고
노력했다. 최근에는 그의 이름으로 발표되었던 서적 이외의 논문
들이 부지기수로 있는 현장을 보게 되었다. 러시아어를 비롯하여
폴란드어, 프랑스어, 독일어로 작성된 그의 논문들이 눈앞에 진열
되는 현장에서 나의 '짧은 가방끈'을 새삼스럽게 절감하였다. 영어
에 편중된 공부를 해온 전력이 한순간에 들통나고 말았다. 2017년
봄에 예일대학 스털링도서관^{Sterling Library of Yale University}의 아카이브
에서 그의 필적이 담긴 자료들을 대할 수 있었다. 그 속에는 상당한
양의 트로브리안드 야장^{野帳, field note}들이 포함되어 있었다. 새롭게
대한 말리노브스키의 논문과 글 들은 트로브리안드 토속지에 국
한된 것들만이 아니었다. 심리학 분야와 관련된 글들과 응용인류
학에 관한 글들, 그리고 아프리카에 관한 글들이 상당한 양으로 축

적되어 있음을 알게 되었다. 그래서 현재까지 읽고 이해했던 말리노브스키에 대해서 일단의 정리를 하는 것이 다음 단계를 위한 토대가 될 수 있다고 생각하고, 이 책을 꾸미기로 하였다.

이 책을 구성하는 세 편의 원출전을 밝힘으로써, 독자들의 이해를 돕고자 한다. 아래의 글들은 20년이란 기간 동안에 작성 및 출판되었기 때문에, 한 권의 단행본으로 엮기 위해 두 가지 측면에서 수정 및 교열이 필수적으로 필요했다.

1994.5.20 "말리노브스키의 섹스論", 『인류학과의 만남』, 서울: 서울대출판부, pp. 133-143.

2001.5.23 "말리노브스키의 문화이론: 맥락론에서 기능론으로", 『한국문화인류학』 34(1): 3-27.

2013.5.25 "방법론적 혁명으로서의 토속지와 유배지의 천우신조", 『사회과학명저 재발견』, 오명석 편, 서울: 서울대학교출판문화원, pp. 229-296.

첫째, 용어와 표기의 통일이다. 그것이 잘 이루어지지 않았다는 것은 지금까지도 한국에서 인류학이란 학문이 아직도 제자리를 확고하게 잡지 못한 상황을 보여주는 측면도 있지만, 한편으로는 변화의 가능성 또한 없지 않다는 점도 내포하고 있다. 인생무상人生無常, 변하지 않는 것은 없다. 끊임없이 변한다. 사라지면서 변하고 조

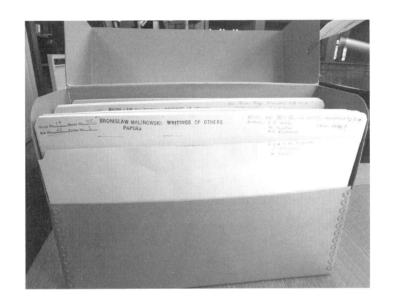

사진2 예일대학 스털링도서관 아카이브실에 보관되어 있는 말리노브스키 문서함Yale University Sterling Library Manuscripts amd Archives Section(Malinowski Papers) 모습. 말리노브스키 문서함의 자료들은 스털링도서관에서 1981년에 마이크로필름으로도 제작하였다. 본서에 따로 출처를 밝히지 않은 사진들은 모두 예일대학 스털링도서관 아카이브(이하 아카이브)에 소장된 것들로 필자가 2017년 2월과 3월에 촬영한 것들이다.

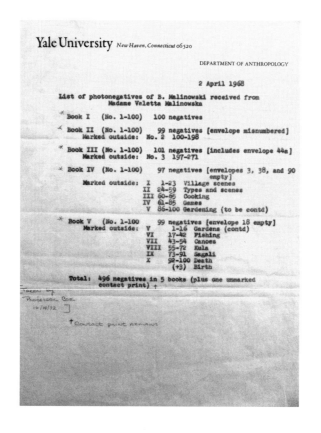

사진3 말리노브스키 사후 멕시코시티에 거주하던 발레타 말리노브스카Valetta Malinowska(1973년 사망) 부인이 예일대학 인류학과에 기증한 자료목록. "2 April 1968"이라고 적힌 것은 부인께서 기증한 자료들을 예일대학 인류학과에서 정리한 날짜를 말한다. 다섯 상자에 496매의 흑백사진 네거티브가 기록되어 있다. 종이로 된 자료들은 기증된 이후 아카이브에 수장되었다. 이 자료들은 마이클 코우 교수가 멕시코시티에서 뉴헤이븐까지 밴으로 실어왔다.

금이라도 나아지기 위해서도 변한다. 이번 기회에 나는 이러한 문제에 대해서 회고와 반성을 통해 내가 이해하는 인류학이란 학문의 맥락에서 새로운 용어 표기를 제안한다. 이점 동학제현의 관심과 질정을 앙망한다.

둘째, 시간이 경과하면서 수집된 관련 자료들을 포함함으로써 내용을 풍부하게 하려고 하였다. 그 과정의 하나가 말리노브스키의 아카이브 자료를 검토하는 것이었다. 2017년 1월부터 5월까지 예일대학 인류학과 앤 언더힐Anne Underhill 교수의 주선으로 동대학 동아시아위원회의 방문교수직을 수행하는 기회에, 나는 스털링도서관의 아카이브실에 소장된 말리노브스키 자료를 볼 수 있었다. 이 자료는 예일대학 인류학과의 마이클 코우Michael Coe 교수가 멕시코시티에 거주하던 말리노브스키의 부인을 방문하였을 때 기증받은 것들이다.

나는 먼저 이 글을 주도하고 있는 두 가지 키워드에 대한 한글화의 문제에 대해서 그동안 고민해왔던 부분에 대한 종지부를 찍는 의미의 언설을 풀어놓으려고 한다. 영어 스펠링으로 그 두 가지를 표현하면, 하나는 "ethnography"이고 다른 하나는 사람 이름인 "Malinowski"이다. 인류학 공부를 하는 한 이 두 단어는 피할 수 없이 부단히 사용해야 하는 문제이기 때문에, 이번 기회에 두 가지의 한글 표기에 대해서 나의 입장을 정리하려고 한다.

번역에서 비롯되는 오해와 몰이해, 그리고 그로부터 전개된 부질없는 언설들을 피하기 위해서 나는 ethnography를 '에쓰노그래피'라고 이해하고 그렇게 적는 것도 좋다고 생각한 적이 있었다. 일본인들이 가타카나로 그렇게 적어서 표현하는 데 대해서 일리가 있다고 생각했다. 그런데 경우에 따라서는 ethnography를 한글이나 한자로 적는 것이 의미 전달상 편한 경우가 있다는 점을 착안하였다. 그럴 경우에는 ethnography를 "토속지"로 번역해서 사용하기로 하였다. 영어로 표현된 ethnography는 '에쓰노그래피'라고 한글로 적을 수도 있고, 경우에 따라서는 토속지土俗誌로 한자화할 수도 있다. 어떤 경우에는 그것을 '민속지'나 '민족지'라고 번역할 수도 있는데, 이 두 가지 번역어들은 가급적 신중을 기해서 사용하는 것이 좋다고 생각한다. 그 이유는 위의 두 가지 번역용어마다 그것이 출발하게 되는 정치적 배경들이 있기 때문이다(전경수 2011 참조). 학문적으로 중요한 번역어들이 어떻게 등장하였는지에 대해서 관심도 없고 배경도 모르는 상태로 사용하는 것은 무지와 무책임의 소산이다. 중요한 용어 번역어의 탄생 과정에 대해 고민하는 것이 그 단어에 조금이라도 더 가깝고 깊이 있게 이해하려는 태도이다.

Malinowski 선생의 이름에 대해서 여러 가지의 한글 표기들이 돌아다닌다. 그런데 그의 이름을 어떻게 발음하느냐 하는 문제는 우리만의 문제도 아니었던 모양이다. 말리노브스키에 대해서 독보적인 연구를 해온 마이클 영Michael Young의 바람이 담긴 글을 인용하고자 한다. "그의 이름을 미국식으로 '말리노우스키'라고 하는 것은 아예 잘못이고, 가장 가깝게 발음하는 방식은 (입술을) 좁게 하여 발음하는 '오프' 또는 '옵프'(anarrow 'of' or 'off')라기보다는 (입술을) 넓게 하여 발음하는 '오브'(an open 'ow')로 해야 한다"(Young 2004: xviii). 즉 한글로 표기하면 "말리노우스키"나 "말리노프스키"나 "말리놉프스키" 또는 "말리놉스키"도 아니고 "말리노브스키"에 가까운 것으로 이해할 수 있다. 영 교수가 말리노브스키의 막내딸 헬레나^{Helena Wayne}를 만나서 모든 과정을 확인하고 정리한 책에서 이렇게 썼다는 것은 더 이상 그의 이름에 대해서 혼란스러운 발음을 남기는 일이 없기를 바라는 마음이라고 생각한다.

　말리노브스키에 대해서 논의한 서적들이 서구에서는 적지 않게 출간되었고, 말리노브스키의 인류학에 대해서는 헤아리기 어려울 정도의 작업들이 이미 출간되어 있다. 본서에서 필자가 언급하는 말리노브스키는 '내가 이해한' 말리노브스키다. 이미 다른 사람들이 말리노브스키에 대해서 언급한 작업들에 대해서 동의하지 않는 부분들이 있기 때문에, '내가 이해한' 말리노브스키에 대한 논고를 정리하여 나의 목소리를 내고자 한다. 이렇게 하는 것이 일종의 토착화 과정이다. 나는 인류학 토착화라는 문제의식을 분명히 하고 이 글을 쓰고 있다. 서양학자들이 논의했던 말리노브스키와 내가 이해한 말리노브스키는 현재까지 세 가지 측면에서 다르게 드러난다.

PRZYJACIELE DZIKICH LUDZI

(Do audycji w dn. 7 stycznia 1935 r., godz. 19.30).

Profesorowi uniwersytetu londyńskiego, znakomitemu etnologowi, Władysławowi Malinowskiemu, należy się porównanie z Conradem.

Tak, jak Conrad we wczesnych latach swojego życia rozstał się z Polską. Tak, jak Conrad zdobył wszechświatową sławę w Anglji, jak Conrad był w Polsce zupełnie nieznany.

Właściwie jest jeszcze nieznany. Może dopiero ukazanie się polskiego przekładu klasycznej książki znakomitego uczonego zwiąże go z krajem rodzinnym, z którym zresztą nigdy łączności nie zatracał. Świadczy o tem choćby ten fakt, że niemieckie wydanie swojego dzieła poświęcił znanemu polskiemu literatowi Stanisławowi Ignacemu Witkiewiczowi. Świadczy o tem również i to, że profesor Malinowski angażował do współpracy młodych polskich uczonych, którzy spędzali z nim nieraz dłuższe okresy czasu na badaniach pierwotnej kultury.

Najsłynniejsza z prac prof. Malinowskiego, książka przełożona na wszystkie niemal języki europejskie, nosi tytuł: „Życie seksualne dzikich ludów".

Prof. Malinowski wśród dzikich na wyspach Trobriand.

Kaługusa, syn naczelnika plemienia.

Jest to książka niezwykle interesująca. Profesor Malinowski zawarł w niej syntezę swoich długoletnich badań, które przeprowadził na wyspach Trobriand położonych niedaleko Nowej Gwinei. Prof. Malinowski uczestnicząc w dziwnym okolicznościom odnalazł tutaj małą społeczność ludzi dzikich, którzy dzięki małej społeczności warunkom zachowali swoje zwyczaje w pierwotnej, niczem nieskażonej czystości. A co jest szczególnie interesujące, życie ich ukazuje zagadnienia seksualne rozwiązane w sposób przewyższający znacznie pod względem moralnym obłudę i konwencjonalizm tak zwanego człowieka cywilizowanego.

Wszystkie niemal wątpliwości, które opanowują nas przy badaniu minusów naszej cywilizacji zostały tutaj rozstrzygnięte z genjalną nieraz prostotą, które trzeba tylko umieć odnaleźć w gęstwinie zabobonów i tradycji.

Prof. Malinowski zdobył ten rewelacyjny materjał z wielkim wysiłkiem. Na wyspach Trobriand mieszkał przez czas dłuższy. Nauczył się języka krajowców, zaprzyjaźnił się z nimi, w harmonijnem z nimi współżyciu

został wprowadzony w misterjum ich najtajniejszych wierzeń i obyczajów. Książka prof. Malinowskiego musiała wobec tego wywrzeć wpływ olbrzymi, wpływ, który dla bardzo wielu był niedostrzegalny.

Pisali o niej bardzo wiele Maurois i Russel, stała się ona podstawą efektownych książek: „Małżeństwa koleżeńskie" i „Bunt młodzieży". Na niej opierali swoje teorje rozmaici seksuolodzy, zniekształcając nieraz dowolnie idee tutaj wyrażone.

Trzeba tu jeszcze dodać, że prof. Malinowski był jednym z pierwszych, którzy do badań nad ludami pierwotnemi wprowadzili nowoczesne metody naukowe, przedewszystkiem wszystkie metody odrodzonej psychologji. Poza tem, nie brakowało mu w tem o sobliwem przedsięwzięciu zalet osobistych.

Znakomity antropolog angielski Havelock Ellis powiedział, że prof. Malinowski posiada wszystko, co było mu potrzebnem do tej niezwykłej pracy, a więc przygotowanie naukowe, subtelny rozum, cierpliwość w obserwacji i głęboką wyrozumiałość.

Stanisław Dzikowski.

Obrzęd ślubny wśród dzikich.

사진4 말리노브스키의 트로브리안드 활동을 소개한 폴란드어 잡지 "안테나Antena"의 한 꼭지. 폴란드 소설가 스타니슬라브 지코브스키Stanislaw Dzikowski가 "야만인의 친구Przyjaciele Dzikich Ludzi"라는 제목으로 작성했다(Dzikowski 1935). 기사에 실린 사진에는 위부터 "트로브리안드 섬의 야만인들 사이에 있는 말리노브스키 교수", "부족 추장의 아들, 칼루구사", "야만인들의 혼례"라는 설명이 붙어 있다.

본서를 구성하는 세 장이 각각 내가 이해한 말리노브스키의 특
징이다. 이 세 가지들 중에서도 가장 특징적인 부분은 말리노브스
키의 맥락론이다. 대부분의 인류학 서적들이 말리노브스키의 기
능주의를 논하고 있지만, 그것은 말리노브스키를 보여주는 진면목
의 전부가 아니라고 생각한다. 문화를 이해함에 있어서 의미와 맥
락의 문제를 가장 중요시한 사람이 말리노브스키라고 나는 생각
한다. 이 부분은 앞으로 더욱더 심층적으로 파고들어야 할 문제다.

또 한 가지 추가하는 것이 허락된다면, 말리노브스키가 경험하
였던 전쟁 중 유배생활이라는 문제를 인류학적 맥락에서 재고하
는 작업이 필수적이다. 유배라는 것이 인류학자에게 어떤 의미를
지니는 것인지에 대해서 새삼스러운 단어로 다가올 수 있으며, 또
그렇게 다가오지 않으면 인류학의 미래는 없다고 나는 생각한다.
그 첫 단계가 러시아의 차르 시대에 수행되었던 인류학자들의 초
창기 작업들이 모두 유배지에서 시작되었던 것임을 상기시키고 싶
다. 인류학자가 되기 위해서는 유배의 상황이 제공하는 생활 분위
기의 경험이 필수적이라는 점을 말리노브스키가 행동으로 증언
하였다. 물론 모든 유배자가 다 인류학자가 된 것은 아니다. 유배생
활 속에서 만들어진 작품이 토속지로 전해지고, 그것이 세간의 공
감을 얻을 때, 인류학자가 탄생하였다. 인류학자들의 야연$^{野硏, field}$
^{research}과 야로$^{野勞, fieldwork}$가 유배라는 형식에서 시작되었던 역사
에 대해서 곰씹어 보아야 한다. 트로브리안드라는 유배지에서 말

리노브스키는 기존에 사용되었던 "Ethnography"란 단어의 새로운 의미를 재발명하였다.

　말리노브스키가 방문하였을 당시 트로브리안드는 이미 유럽인들에 의해서 여러 가지 측면으로 "오염"되어 있었다. 그의 서술 속에도 영국인 진주 수집상들이 등장한다. 뉴기니를 비롯한 남태평양 섬들에 대한 유럽인들의 식민지적 착취과정은 말리노브스키가 도착하기 이전에 이미 깊이 진행되었다. 18세기 최초 항해자들 이후 상선과 포경선 들의 경쟁적 침투(1800~1860)가 전개된 이후에 (Watters 2011: 25-34) 진주 수집상들이 등장하였다. 정신지배를 목적으로 했던 선교사들과 자원착취에 혈안이 되었던 진주상인들이 오염시킨 트로브리안드 속에서 말리노브스키는 인간을 발견하려는 노력을 하였기 때문에, 그 오염된 부분을 벗겨냄으로써 그의 트로브리안드 토속지에서 외부의 영향을 극소화시키려는 노력을 하였다.

　그의 작품 속에서 외부의 영향을 극소화시키려는 노력을 하는 과정이 세계 인류학계에 아직도 제대로 전달되지 않았다고 생각한다. 이 과정을 위하여 그는 방법론적 혁명을 생각하지 않을 수 없었다. 그가 Ethnography란 단어의 "E"를 *Argonauts of the Western Pacific*(1922, 『서태평양의 항해자』로 번역하며 이후 『항해자』로 약칭한다.) 서문에서 지속적으로 대문자로 고집해서 사용하는 의미가 외부 영향의 극소화 노력을 거쳐서 작성한 그의 작품이라고 생각

한다. 당시 사상계의 주류였던 진화론을 완벽하게 거부하고 새로
운 인간관을 제시하려는 노력의 일환으로 시도되었던 말리노브스
키의 안목이 구현된 백미가 Ethnography라는 단어라고 생각한
다. 이 용어의 재발명이 말리노브스키가 이룩한 방법론적 혁명의
정수인 셈이다. 나는 그 과정을 동의하고 섬기기 때문에, 그 단어의
번역어로써 "토속지土俗誌"를 사용한다.

　이 단어를 처음 대하였던 한자 문화권의 사람이 일본인 츠보이
쇼고로坪井正五郎[1]라고 생각한다. 말리노브스키가 인류학에 입문하
기 전이다. 그가 1889년 런던 유학 시절 이 단어를 처음 대한 후에
번역하였던 단어가 "토속학"이었다. 물론 당시 츠보이坪井의 번역어
인 "토속"은 경멸적인 의미가 내포된 것이 아니라 그 단어를 설명
한 문자상의 의미 그것이었다. 그 단어가 츠보이에 의해서 일본에
서 한동안 통용되기 시작한 뒤, "일본 토속"이라는 단어가 "야만
인"들의 일종인 "아이누 토속"과 동일 선상에서 논의되는 것에 대
해서 불만을 품은 일부 지식인들이 1920년대 초에 "토속" 대신에
"민속"이라는 단어로 대체한 기록이 남아 있다(中山太郎의 『日本民
俗誌』[1924년] 출판 시). 천박한 진화론에 오염된 사람들의 "문명"지
향적인 짧은 생각이었다. 그 사람들은 "문명"세계의 일원인 일본

---

[1]　츠보이 쇼고로는 1889년 11월 8일 파리를 떠나 런던에 도착하였다. 1891년 9월 1일에서 10일까
　　지 제9회 만국동양학회(회장 레옹 드로니)의 일본 대표로 참석하였다. 1891년 11월 10일 영국왕립
　　인류학회 회원이 되었다. 1892년 10월 14일 동경으로 귀국하여 동경제국대학 이과대학理科大學 교
　　수로 임명되었고, 1893년부터 인류학 강의를 담당하였다(山口 敏 1988.12.10: 9~23).

사회에 "토속"이라는 용어를 적용할 수 없다는 생각을 하였고, 그 대신에 "민속"을 선택하였던 것이다.

그런데 "민속"의 "民"은 백성을 의미하는 것이 아닌가? 그것은 "官"에 대한 "民"이 아닌가? 지배자의 눈으로 바라보는 억압된 사람들의 모습을 "민속"이라고 명명한 것이다. 계급적 위계질서로 세상을 바라보았던 당시의 일본 사회를 구성하는 시선으로서는 타당한 것이었다. 말리노브스키가 서양으로부터 오염된 트로브리안드의 삶을 그리기 위해서 노력하였던 과정을 한 번만이라도 생각할 수 있었더라면, 그들은 쉽사리 츠보이의 번역어를 포기하지 않았을 것이다. 한자권에서 최초로 인류학 공부를 하였던 츠보이의 혜안에 새삼스럽게 경의를 표하지 않을 수 없다.

츠보이가 최초에 고심 끝에 적용하였던 용어를 배격함으로써 인류학적으로는 돌이킬 수 없는 큰 실수를 한 것이다. 말리노브스키의 반진화론적 관점을 거꾸로 되돌려 놓은 셈이 되어버렸다. 환언하면 말리노브스키를 제대로 이해하지 못했기 때문에, 사상사적으로 동아시아적 세계관은 아직도 지연된 주변부적 진화론이 지배하는 상황을 경험하고 있다. 한자로 의미체계를 구현하는 아시아인의 눈으로 세상을 읽으려고 했던 시도가 무너진 것이다. 이러한 문제는 여태까지 어느 누구도 제기하지 않았다. 일본을 전공한다는 서양 인류학자들도 간과했던 문제다. 아니면, 그들은 죽었다 깨어도 생각할 수 없는 문제인지도 모른다. 왜냐하면 궁극적으로 그들은 번역이라는 과정을 거치지 않고 ethnography를 대할 수 있기 때문이다. 그러나 반드시 번역이라는 과정을 거쳐서 ethnography를 대해야 하는 사람에게는 문제의 본질적 구도가 다른 것이다.

"토속"에서 "민속"으로 전환했던 일본인들의 진화론적으로 오염된 사상은 또 다른 현상을 바라봄에 있어서 장님효과를 발생시키고 말았다. 한자를 공유하는 사람들이 공통으로 생각해야 하는 사상적 문제가 뿌리 깊게 개입되어 있는 번역의 문제를 지적할 수 있다. 끊임없는 번역과정을 경험하는 인류학도들로서 가장 심각하게 생각해야 하는 출발점이 Ethnography라는 용어라고 생각한다. 말리노브스키의 입장을 조금이라도 생각한다면, 그것의 번역어는 토속지이어야 한다. 진화론적 사상에 오염된 의미가 포함되지 않은 단어로서의 토속지이어야 한다.

그러나 이 단어는 상황에 따라서 또 다른 번역어가 가능한 여지도 남기고 있다. 예를 들면, "민속지"나 "민족지"를 적용하는 것도 가능하다. 그러나 "민족지"는 지극히 제한적으로 사용하지 않으면, 그것을 사용하는 사람의 오만함(의식적이건 무의식적이건 간에)이 드러날 수 있기도 하고, 전혀 엉뚱한 오해를 불러 일으킬 수도 있다. 용어의 번역은 맥락에 맞도록 세심한 주의를 요한다.

Ethnography에 대응하는 우리글의 최초 사례는 손진태의 초창기 문헌에서 나타난다(전경수 2010b). 당시 손진태는 아직 진화론적 사고에 깊이 매몰되지 않았던 것으로 생각된다. 손진태가 애초에 "토속"이라는 용어를 사용한 것은 그만한 이유가 있었다. 그가 와세다대학에서 인류학을 공부할 때의 스승이 니시무라 신지西村眞次이고, 니시무라에게 인류학을 가르친 사람이 츠보이 쇼고로이기 때문이다(전경수 2010a). 그러나 얼마 지나지 않아서 손진태는 "민속학"이란 단어를 사용하였다. 물론 그러한 과정에서 손진태는 뚜렷한 의지를 갖고 그 단어를 번역한 것은 아니었고, 일본학계의 변화과정에 나타난 용어를 단순히 답습하였을 것이다.

Ethnography에 대응되는 러시아어인 Этнография(etnografiya)를 뚜렷한 의지를 갖고 번역한 것이 1949년 평양에서 나온 문서에 "민속학"으로 등장한다. 한흥수가 평양에서 용어 번역의 이유를 분명하게 밝히면서 그 작업을 하였다(전경수 2015). 그는 이미 유식화된 근대 지식인이었고, 그의 관심은 비엔나역사학파의 그것이었기 때문에, 맥락을 생명으로 했던 말리노브스키의 혁명적 용어인 Ethnography의 의미를 제대로 알지 못하였을 것이다. 한흥수의 번역은 간단한 사전 수준의 번역이었고, 1920년대와 1930년대 말리노브스키의 인류학을 심층적으로 접해보지 못했던 수준의 번역이었다고 생각한다.

이러한 저간의 사정을 고려하여, 나는 ethnography라는 단어를 지금부터는 "토속지"라고 번역해서 사용한다. 그것이 문화이해에 있어서 그토록 의미와 맥락을 소중하게 생각하였던 말리노브스키에 가장 가까이 다가서는 태도라고 생각하기 때문이다.

번역과정을 거치지 않고는 인류학 공부를 할 수 없는 사람들이 가장 심혈을 기울여야 할 문제가 번역이다. 단어 번역 수준이 아니라 문화 번역의 수준에서 중요한 용어들을 번역해야 한다. 그런 점에서 남한^{South Korea}의 인류학은 반성해야 할 점이 한두 가지가 아니다. 얼떨결에 어설프게 베낀 일본글의 중역이 잔재로 남아 있는 부분도 골칫거리다. 잘못 번역된 것인 줄 알면서도 "여태까지 그렇게 써 왔으니까"라는 변명은 잘못되었음을 옹호하는 더욱 더 잘못된 것이다. 잘못된 것은 가차 없이 폐기하고, 잘못을 알면 고치는 행동을 해야 한다. 최초 번역이 한 치 어긋나면, 그것을 읽는 독자는 두 치 어긋날 수 있고, 결국 오리무중에 빠지게 된다.

심기일전해서 말리노브스키부터 다시 읽는 것이 인류학을 하는 방법의 하나라고 생각한다. 인류학에 입문한 지 50년이 되어서야 새삼 깨닫게 된다. 프레이저의 저서들을 읽고 인류학에 입문했던 말리노브스키가 인류학자로서 성공의 길을 걸었던 것은 숨은 조력자가 있었기 때문이다. 트로브리안드의 야연^{野研}이 끝나고 런던으로 돌아온 그가 먹고살 길을 찾을 수 있었던 데에는 셀리그만^{Seligman}이라는 스승의 역할이 있었다. 트로브리안드에서 고독한 생활을 할 때에 셀리그만은 격려의 편지를 여러 차례 보내기도 하였다. 셀리그만의 도움으로 말리노브스키는 1921년부터 시간강사 자리에 붙어서 트로브리안드 토속지들을 작성하는 일에 열중하였다. "런던경제학원London School of Economics(이하 LSE)에서 인류학의 강사직Readership[2]은 1923년에 생겼고, 그것은 말리노브스키를 특별히 생각해서 만든 것이었다. 1927년에 교수직Chair 자리가 만들어졌다. 그 자리에 말리노브스키가 교수Professor로 임용되었다. 당시 옥스퍼드와 캠브리지에도 모두 인류학은 강사직밖에 없었다" (Stocking 1991: 52). 셀리그만은 말리노브스키의 후견인 역할을 톡톡히 하였다.

셀리그만은 누구인가? 알프레드 해든Alfred Haddon[3]이 남긴 기록에는 말리노브스키가 등장하기 이전 초창기 인류학의 상황이 잘 표현되어 있다. 해든은 1888년 해양동물학 연구를 위해서 토레스해협Torres Straits으로 갔으며, 당시 ethnography에 대해서는 전혀 무관심했다. 런던 출발 전에 윌리엄 플라워Sir William Flower(1831~1899, 크림반도 전쟁 때 참전했던 비교해부학자)로부터 원주민 측정과 관련된 조언을 얻었다. 1888년 10월 마부익Mabuig, 1888년에서 1889년 사이에는 메르Mer에 체류하면서 주로 플랑크톤을 채집하였다. 메르에서 헌트Hunt 목사와 새비지Savage 목사의 도움을 받았다. 헌트 목사가 원주민에 주목할 것을 제안하였으나 관심을 가지진 않았다. 1889년 여름에 해양동물 채집품들을 갖고 토레스해협을 떠났다. 가지고 온 물건들을 런던에서 해체하는 중 토속품들

---

2   Reader는 영국 대학에서 교수 다음의 가장 높은 위치를 차지하는 강사를 가리키는 말이다.

3   셀리그만과 해든의 약력은 본서 2장 101페이지 주석 2와 104페이지 주석 4에 각각 서술되어 있다.

을 정리하는 기회가 있었고, 이때 플라워가 다시 인류학에 대해서 심각하게 생각하라고 조언하였다. 해든은 1893년 더블린Dublin의 왕립과학원Royal College of Science의 동물학 주임직을 사임하였고, 인류학으로 전향하는 계기를 마련하였다. 그는 재차 토레스해협으로 가는 준비를 하였으며, 1898년 4월 22일 서스데이 섬Thursday Island에 도착하였다. 이때 실험심리학자인 리버스W. H. R. Rivers도 함께 참가하였고, 그도 이때 인류학에 입문하는 계기를 얻었다.

　의사였던 셀리그만도 동참하여 원주민의 질병에 관심을 가졌고, 1898년 5월 23일에서 6월20일 사이에 영국령 뉴기니(파푸아) British New Guinea의 중부를 방문하였다. 셀리그만은 이 경험을 바탕으로 후일 1904년 쿠키 대니얼스Cooke Daniels 소령의 초청으로 뉴기니의 동남쪽 끝을 탐험하게 되었다(Seligman 1910: v). 이 결과가 6권의 보고서로 1905년과 1908년 사이에 출간되었다(Vol. 1 *Physical Anthropology*, vol. 2 *Physiology and psychology*, v.3 *Linguistics*, v.4. *Technology*, v.5 *Sociology, Magic and Religion of the Western Islands*, vol. 6 *Sociology, Magic and Religion of the Eastern Islands*) (Haddon 1905: xi-xiv). 셀리그만은 그 때 수집된 자료를 기반으로 하여 *The Melanesians of British New Guinea*(1910)를 발간하였다. 말리노브스키의 트로브리안드 토속지는 셀리그만의 이 저서를 바탕으로 한 것이었다.

　트로브리안드에서 말리노브스키는 셀리그만의 저서를 수정 보완하는 노력을 하였다. 그가 트로브리안드라는 현장에 앉아서 셀리그만의 기록에 대해서 꼼꼼하게 수정하려고 시도하였던 흔적이 말리노브스키의 아카이브에 잘 남아 있다. 말리노브스키라는 인류학의 거장이 등장함에 있어서 셀리그만의 저서가 기여한 역할에 대해서 주목할 필요가 있다. 셀리그만의 저서는 766페이지에 달하는 대작으로 659페이지에서 735페이지 사이에 트로브리안드의 내용을 담고 있다. 추장의 장례식 때 등장하는 조개팔찌와 목걸이에 대해서도 언급되어 있지만, 셀리그만의 서술 내용에는 쿨라kula가 포착되지 못했다. 즉 셀리그만은 교환체계로서의 쿨라라는 시스템을 간파하지 못했음을 알 수 있다.

말리노브스키를 거장으로 만든 것은 말리노브스키 자신이다. 그가 트로브리안드 토속지를 발간하고 유명세를 타기 시작하면서, 그의 모교였던 폴란드의 야기엘로니아대학Jagiellonia University(1364년 설립)에서 민족학ethnology 교수 자리를 만들어서 초청한 적이 있었다(Wayne 1995b: 27). 후일 부인이 된 엘시Elsie Masson(멜버른대 화학교수 데이비드 매슨David Masson의 딸)에게 보낸 편지(1918년 5월 14일자 트로브리안드에서 작성한 것)에 의하면, 말리노브스키는 전쟁이 끝나면 폴란드로 돌아가서 학계에 종사할 생각도 한 적이 있지만(Wayne 1995a: 148), 그는 그 자리를 사양하였고, 지속해서 트로브리안드 토속지의 후속편들을 제작하였다.

그를 유럽 학계에서 일약 스타덤에 오르게 한 것은 오그든C. K.

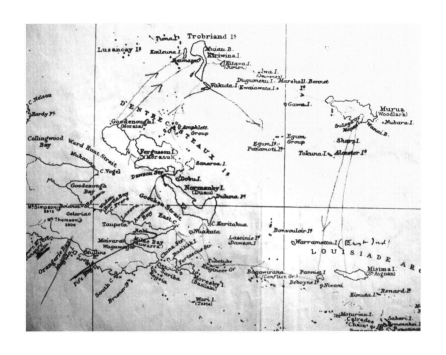

사진5 "British New Guinea" 지도(Seligman 1910: 754) 위에 말리노브스키가 연필로
쿨라의 순회 방향을 표시하였다. 셀리그만으로부터 말리노브스키로 이론의 발전
과정을 보여준다.

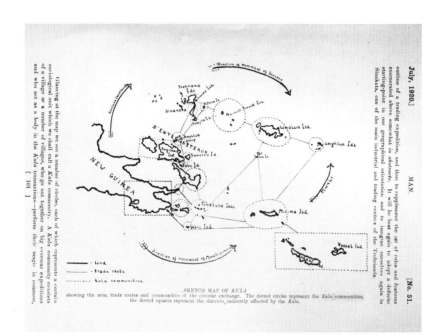

SKETCH MAP OF *KULA*
showing the area, trade routes and communities of the circular exchange. The dotted circles represent the *Kula* communities, the dotted squares represent the districts indirectly affected by the *Kula*.

사진6 1920년 7월에 출판된 말리노브스키의 논문(Malinowski 1920)에 표시된 쿨라의 순회 방향. 트로브리안드의 토속지를 마을 차원으로 국한시켜 생각하기를 거부하고, 공생을 위한 해역 공동체계로 이해한 말리노브스키의 혜안을 단적으로 보여준다.

사진7 셀리그만의 저서(Seligman 1910: 661)에 실린 트로브리안드 지도 위에 말리노 브스키가 수정 및 보완하는 메모를 주석 형태로 기록하였다. 셀리그만 저서의 거의 모든 페이지에 이러한 주석들이 붙어 있다.

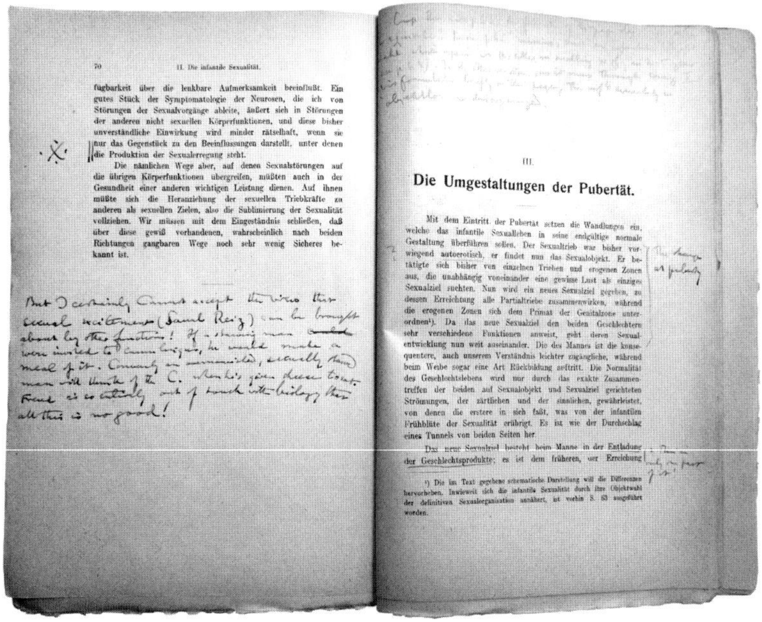

사진8 말리노브스키는 프로이트의 저서 *Sexualtheorie* (Freud 1922)를 정독하면서 페이지마다 수기로 많은 주석을 붙였다.

Ogden이 책임편집자였던 잡지 *Psyche*에 1923년과 1924년에 실린 성 심리학과 정신분석학에 관한 인류학적 논문들을 필두로 하여 (Wayne 1995b: 29), 1926년부터 1927년 사이에 출판되었던 일련의 심리학과 관련된 저술들이다(*Myth in Primitive Psychology*, 1926; *Crime and Custom in Savage Society*, 1926; *Sex and Repression in Savage Society*, 1927; *The Father in Primitive Psychology*, 1927. 특히 *Myth in Primitive Psychology*는 당시 유럽 심리학계의 중추적인 잡지였던 *Psyche: A Quarterly Journal of General and Applied Psychology*와 밀접한 관련이 있는 *Psyche Miniatures* 시리즈물로 출판된 것이었다. 그의 트로브리안드 작품들은 당대 유럽이 경험하였던 사회문제의 거울역할을 하기에 모자람이 없었던 것이다.). 이러한 저작물들의 중심적인 주제는 지그문트 프로이트의 오이디푸스 컴플렉스에 대한 도전이었다.

당시 인류학(또는 민족학)이란 학문은 유럽 학계 내에서 별로 관심을 끄는 것이 아니었다. 인류학은 주류 학계에 자리를 잡고 있는 것이 아니었다. 그것은 '메이저리그'가 아니라 '마이너리그'에도 겨우 속하는 정도였다. 인류학이란 단어는 체질인류학을 의미하는 정도로 밖에 인식되지 못했던 상황이었다. 유럽 학계의 거장 프로이트에게 도전장을 내민 말리노브스키 덕분에 인류학이 유명세를 타게 되었다고 말하는 것이 더욱 더 정확할 것이다. 마이너에 있는, 그것도 폴란드라는 주변부 출신의 피라미가 메이저리그의 엠브이피[MVP]에게 도전장을 내밀었던 것과 같은 상황이 화제가 될 수밖에 없었다. 셀리그만의 후견으로 교수의 자리를 얻게 되었지만, 사실상 런던대학이 말리노브스키를 붙잡기 위해서 교수자리를 만들었다고 말하는 것이 사실에 더욱 더 가까울 것이다. 이러한 문제들에 대해서는 앞으로 그의 아카이브 자료들에 대한 정밀한 분석을 통하여 더욱더 상세히 밝혀질 것이라고 생각한다.

말리노브스키는 셀리그만의 저서를 읽으면서 내용상 동의하지 않는 것이나 오류가 있는 부분에 대해서는 해당 페이지에 자신의 주석을 달아 놓았다. 트로브리안드의 야연이 종료된 후 런던으로 돌아와서 말리노브스키는 1922년에 출간된 프로이트의 저서를 읽기 시작했다. 역시 말리노브스키는 프로이트의 저서를 읽어나가면서 동의하지 않는 부분에 대해서는 물음표를 붙이고 자신의 견해를 주석으로 달았다. 거장들의 작업을 면밀히 검토하고, 그 위에 자신의 야연 경험을 바탕으로 반론과 수정을 제기하는 말리노브스키의 학문하는 자세를 읽을 수 있다. 셀리그만이 만든 지도 위에 자신이 발견한 쿨라의 순서를 연필로 표기한 것도 볼 수 있고, 프로이트의 오이디푸스 컴플렉스에 대한 반론이 잉크로 깨알같이 적혀 있다. 학문이 성숙하고 발전하는 과정이 생생하게 드러나는 현장이 목도되는 경이감을 느끼게 된다.

어지러운 세상을 살다보면, 현자가 그리워지고 유토피아를 그리게 되고 이데아를 꿈꾸는 존재가 사람이다. 아무리 삶이 어려워도 자신만이 그리는 포근한 삶의 기억(그것이 아주 작은 조각이라 할지라도)을 간직하고 살아가는 존재가 사람이다. 소설가도 물리학자도 철학자도 그리고 감옥에서 시간을 짊어지고 하루하루를 살아가는 무기수도 들판의 필부도 동일한 존재론적 경로를 밟아가게 마련이다. 인류학자도 그렇다. 역사상 미증유의 사상자라는 기록을 남긴 제1차 세계대전의 소용돌이 속에서 "전쟁포로prisoner of war"(어느정도 명목상이긴 했지만)의 신분으로 낙인되어 남태평양의 보잘것없는 섬의 주민들 속에서 장기거주의 세상 경험을 하였던 말리노브스키는, 니체가 그렸던 낙타와 사자가 득시글거리는 세상이 아닌 순진무구한 어린이의 삶을 그리고 싶어서 차라투스트라라는 주인공을 떠올렸을 것이다. 보헤미아 전통이 깊이 배인 갈리시아의 크라쿠프에서 학문 간의 칸막이가 없는 사상적 지적 회랑을 유영하였던 말리노브스키에게 종말과도 같은 전쟁의 상흔은 지긋지긋하였을 것이다.

말리노브스키는 엘시에게 보내는 연애편지(1917년 11월 24일에 사마라이에서 쓴 것) 속에서 자신이 어린 시절에 니체로부터 받은 영향을 고백하고 있다(Wayne 1995a: 63). 나는 그가 트로브리안드의 삶을 배경으로 니체와의 영적 대화를 시도하였다고 생각하며 (Thoronton & Skalnik 1993: 3-31 참조), 니체가 보여준 차라투스트라를 모델로 트로브리안드의 삶을 그려나가는 과정과 결과가 『항해자』 및 트로브리안드 토속지들이라고 생각한다. 말리노브스키가 상상의 차라투스트라가 아니라 실증적 차라투스트라를 그려낸

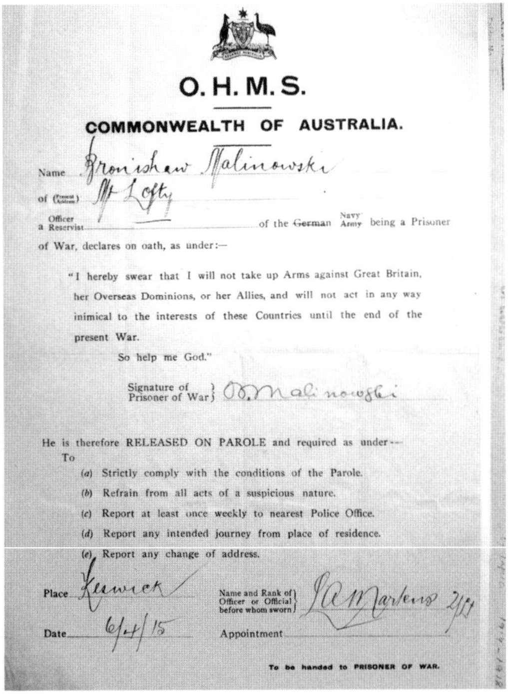

O. H. M. S.

COMMONWEALTH OF AUSTRALIA.

Name Bronislaw Malinowski

of (Present Address) Mt Lofty

Officer / a Reservist ________ of the ~~German~~ Navy / Army being a Prisoner of War, declares on oath, as under:—

"I hereby swear that I will not take up Arms against Great Britain, her Overseas Dominions, or her Allies, and will not act in any way inimical to the interests of these Countries until the end of the present War.

So help me God."

Signature of Prisoner of War } B. Malinowski

He is therefore RELEASED ON PAROLE and required as under—

To

(a) Strictly comply with the conditions of the Parole.

(b) Refrain from all acts of a suspicious nature.

(c) Report at least once weekly to nearest Police Office.

(d) Report any intended journey from place of residence.

(e) Report any change of address.

Place Keswick

Date 6/4/15

Name and Rank of Officer or Official before whom sworn }

Appointment

To be handed to PRISONER OF WAR.

사진9 말리노브스키의 신분이 전쟁포로prisoner of war임을 증명하는 정부 문서.

"O. H. M. S."는 "On Her Majesty's Service"의 약자다. 이 문서는 영연방인 오스트레일리아 정부에서 발행한 것으로써 발행일자는 1915년 4월 6일이다. 말리노브스키의 거주지 주소는 "Mt. Lofty"인데, 이 주소는 아들레이드Adleide에 있는 데이비드 매슨David Masson 교수(맬버른대학 교수와 오스트레일리아 국가연구위원회 위원장을 역임했다)의 주소지일 가능성이 크다. 말리노브스키의 첫 부인이 그의 딸 엘시Elsie다.

이 서류에는 "Prisoner of War"라는 단어가 세 번 등장하며, 말리노브스키는 그 단어 뒤에 "B. Malinowski"라고 사인했다.

TERRITORY OF PAPUA.

IN R
PLF QUOTE
No.126/A.241/18.

Government Secretary's Department.

Port Moresby,18th January, 1918.

Sir,

Permit to remain in Territory till October, 1918.

I have to acknowledge receipt of your letter of the 26th ultimo, requesting an extension to twelve months of your permission to remain in Papua, and have, by direction, to inform you that you may remain until the 31st October next. It is suggested that in matters of this kind it would be advisable to communicate your request through the district officer.

Yours faithfully,

Jas. W. Baldly

pro Government Secretary.

Dr. B. Malinowski,
Trobriand Islands.

사진10 포트모스비에 있는 정부에서 발행한 체류연장 허가서. 트로브리안드 섬에 있는 "B. Malinowski 박사"에게 1918년 1월 15일에 발행한 문서다.

결과를 우리는 경험과학의 산물인 인류학이라고 부르고 있다. 신화조차 과거의 언설이 아니라 과거의 삶과 현재적 삶의 관계 속에서 경험적 비판을 바탕으로 맥락화하려는 시도의 결과가 그의 토속지이다. 그에게 방법론적 혁명을 추구하지 않으면 안 되는 필연적인 이유가 있었던 것이다. 니체가 동양에서 빌려온 현자로서의 차라투스트라를 대변하였다면, 말리노브스키가 빌려온 트로브리안드의 삶은 질곡과도 같은 유럽인들의 삶을 비추어보게 하는 거울의 역할을 하기에 충분하였을 것이다. 실증주의자 말리노브스키가 내세우는 차라투스트라는 트로브리안드 사람들인 셈이다. 어지러운 세상의 등대불이 되려고 노력하였던 말리노브스키의 작품을 읽는 의미를 되새기게 된다.

『차라투스트라는 이렇게 말했다*Also Sprach Zarathustra*』(1883~1885)에 쓰인 니체의 화법은 불교 설법의 전형인 "여시아문如是我聞"을 번안한 것이지만, 말리노브스키의 화법은 자신의 체험으로 "트로브리안드 사람들은 이렇게 살아간다"를 증언하는 방법이었다. 이성과 의지로 영글어진 서구사상의 한계를 실증으로 극복하려는 시도가 말리노브스키의 사상이며, 이러한 사상의 실천을 위한 방법론으로 토속지를 재발견한 것이다. 말리노브스키의 인류학은 상상으로 대변하는 실존을 넘어서 실증으로 보여주는 실존을 입론하였다고 말할 수 있다. 따라서 19세기까지의 서구사상을 두루 섭렵한 말리노브스키에게 두 가지 없는 것을 지적해야 한다. 니체에

심취했었던 말리노브스키지만, 생사고락을 그려낸 트로브리안드의 『항해자』에는 허무주의가 끼어들 틈이 없다. 야기엘로니아대학에서 사상경제론 economy of thought 의 내용으로 박사학위를 받았던 (1908년) 말리노브스키지만(Thoronton & Skalnik 1993: 14), 그의 경제논리에는 마르크스주의의 흔적을 찾아볼 수가 없다. 미래를 지향하는 말리노브스키 인류학의 정수가 여기에 있다. 긍정의 힘으로 인간의 미래를 설계하는 인류학의 가능성을 열어준 것이 말리노브스키라고 생각한다.

니체가 유럽에서 참다운 인간상의 발견을 포기하고 동쪽으로 간 까닭은 동방의 현자인 차라투스트라를 만나기 위함이었다. 그는 차라투스트라의 가르침을 들었다. 니체는 소위 문명이란 세계관의 틀 속에서 인간발견의 희망을 해결하려는 몸부림을 쳤다. 결과는 니체의 허무주의로 귀결되었다. 그것은 문명세계라는 틀 속의 한계였을 것이다. 말리노브스키는 니체보다도 동쪽으로 더욱더 멀리 갔다. 그가 동쪽으로 간 까닭은 니체가 만나지 못하였던 또 다른 차라투스트라를 만나기 위함이었을 것이다. 말리노브스키는 문명세계가 짓밟아버린 "야만" 속에서 인간의 참모습을 발견하려는 의지의 실천으로 체험적인 토속지 작업을 하였다.

프레이저의 『금지 金枝, The Golden Bough 』와 니체의 『차라투스트라는 이렇게 말했다』에 이어서 말리노브스키에게는 또 한 사람의 지적 멘토가 있었다. 바로 에른스트 마흐 Ernst Mach (1838~1916)이다. 그의 이름은 소리의 속도를 측정하는 단위인 "마하"로 널리 알려져 있다. 그는 지식의 상대성이론을 주창한 과학철학의 창시자이며, 아인슈타인의 상대성이론의 철학적 선구자라 할 수 있다. "니체의 철학, 에른스트 마흐의 경험비판주의, 그리고 프레이저의 자극적 실수들과 혜안을 바탕으로 삼고, "이론이 사실을 창조하지 사실이 이론을 창조하지 않는다Theory creates facts, not facts theory"라는 말리노브스키의 사상이 형성되었다고 말할 수 있다"(Thoronton & Skalnik 1993: 2).

　말리노브스키의 생애로부터 읽을 수 있는 교훈이 있다. 모든 것은 스스로 개척하는 것이다. 이 땅에서 인류학이란 학문을 한다는 것도 마찬가지다. 각고의 노력으로 스스로 개척하려는 의지의 여부가 나의 미래를 결정하는 것이고, 내가 하고 있는 인류학이란 학문의 위치와 상황을 규정할 수 있다. 이런 저런 정책류의 프로젝트에 기댄 구실로 왔다 갔다 하면서 시간을 다 보내는 한, 희망적인 모습의 인류학이 내 앞에 다가오지 않는다. 방법론적 혁명을 추구함으로써 새로운 세계를 개척하려는 시도와 도전도 없이, 삶이란 심연의 문제로부터 배운 지혜를 무기로 한 도전이 없는 채로, 인류학은 내 것이 되지 않는다. 말리노브스키가 했던 것처럼 거대한 목표를 세우고, 한 발 한 발 정진하는 것만이 내가 할 수 있는 일이고, 또한 내가 해야만 하는 일이다. 주변의 도움과 후견이란 것은 결과적으로 그러한 모습이 보일 수 있다는 것일 뿐이다. 그것을 먼저 생각하는 것은 허망한 일일 뿐이다.

　이리 보고 저리 보아도 세상은 온통 서로 뜯어먹기 판이다. 하청의 고리로 얽힌 끝자락에 매달려서 살아가는 수많은 노동자들과 그 가족들이 허덕이는 숨소리가 가득하다. 쥐꼬리만한 퇴직금으로 자식들을 키워보겠다고 프렌차이즈 가맹점을 연 사람들도 교묘한 착취수단에 걸려 생존의지마저 박탈당한다. 다윈의 진화론을 만족시키기나 하듯이 약육강식과 적자생존 속에서 생존을 위한 투쟁이 벌어지는 장면이 끝없이 이어진다. 이른바 주변부적 진화론이 지배하는 삶이다. 자본주의의 야비함과 저열함이 인생을 갉아먹는 막장드라마가 오늘 사람들이 살아가는 모습이다. 시장경제의 위력으로 무장한 중국식 사회주의가 “일대일로”의 마수를 뻗치고 있는 상황도 자본주의의 말로와 약점을 보여주기에 충분하다. 화학적인 생활병기들이 생태계를 교란시키고 물리적인 위력의 인공지능이 사람의 자리를 넘보는 것도, 자본주의는 더 이상 인간을 구제할 수 있는 이데올로기가 아니라는 점을 증언하기에 충분하다. 신뢰와 사랑과 연민이라는 삶의 방식을 내팽개쳐버린 자본주의 방식에 희망을 거는 사람은 지극히 일부분일 뿐이다. 이데올로기의 노예 노릇은 이제 지긋지긋하다. 분열이 심한 만큼 통합의 목소리가 큰 것이 삶이다. 함께 잘 살았던 삶은 신화가 되어버렸다.

　나는 그 신화를 되새기고자 이 책을 꾸민다. 신화의 동력이 찢어진 삶을 어루만지고 이어줄 수 있다면 우리는 그 신화를 되새겨야 한다. 신화의 인물로 선택한 대상은 인류학자 말리노브스키다. 그에게서 배울 수 있는 신화의 언어는 공생이다. "야만인"이라고 저주되었던 남태평양의 섬사람들로부터 그가 배웠던 인간 발견의 스토리(噺)들을 재생해보는 것은 하나의 신화 읽기가 된다. 그가 제시하였던 인생살이의 모습인 쿨라는 공생의 모델이다. 나는 그의 이야기로부터 공생주의의 가능성을 찾고자 한다. 사회주의의 완력에 혼쭐난 사람들, 자본주의의 착취에 찌든 사람들이 기대하는 것은 함께 잘 살아보는 것일 게다. 나만 잘 살자는 것이 아니고, 너도 함께 잘 살자는 소망이다. 너라는 범주에는 개미도 억새풀도 참새도 들어온다. 공생은 완력과 착취를 거부한다. 트로브리안드의 토속지가 보여주는 말리노브스키의 발견은 공생이란 철학이었다. 남태평양 "야만인"들의 삶을 지탱하는 사상a이자 철학인 쿨라의 공생모델을 살펴보고자 한다. 너무나 뻔한 이야기다. 그러나 너무나 뻔한 것을 실천하기가 얼마나 어려운가를 새삼스럽게 되새기게 된다.

말리노브스키! 인류학 공부를 해본 사람이면 누구나 떠올리지 않을 수 없는 이름이다. 그리고 자동적으로 이어지는 단어는 트로브리안드다. 말리노브스키가 트로브리안드에서 발견하여 우리에게 제공하였던 가장 강력한 단어가 쿨라다. 말리노브스키-트로브리안드-쿨라. 이 세상에서 인류학을 공부해본 사람이라면 잊을 수 없는 그림이다. 쿨라를 다시 표현하면, 그것은 공생을 그린 남태평양의 모델이다. 제1차 세계대전이 진행 중이던 시기에 트로브리안드의 유배지에서 말리노브스키의 눈에 가장 인상 깊게 들어온 것이 공생 모델인 쿨라였던 것이다. 말리노브스키보다도 10년 전에 이 지역을 관찰했던 셀리그만은 읽어내지 못했던 것이 쿨라다. 평화 시기의 셀리그만이 읽어내지 못했던 쿨라를 전쟁 시기의 말리노브스키가 읽은 것이다. 전쟁과 공생의 구도가 말리노브스키의 머릿속을 지배했던 결과의 토속지가 『항해자』라고 생각한다. 말리노브스키에 대한 이해의 노력 자체가 공생이라는 정신을 요구한다. 그래서 나는 이 책의 참된 주제를 "말리노브스키의 공생주의"라고 명명함에 주저하지 않는다. 인류학자 말리노브스키로부터 배울 수 있는 오늘을 위한 좌우명이 공생이기 때문이다.

석가모니 가르침의 무상無常과 헤겔식의 변증법이 작동하는 한 원점으로 돌아갈 가능성은 없다. 변증법은 무상의 과정을 과학적 논리로 설명해주는 방식이 되는 셈이다. 인생에서 경험의 지위는 중요하다. 그것이 인생의 전부를 설명해주는 것은 아니지만, 인생의 중요한 부분을 점하고 있음에는 틀림없다. 그래서 나는 경험주의를 신봉한다. 인간 체험 속에는 두 번의 대전이란 비극으로 귀결된 자본주의의 광폭함이 누적되어 있다. 말리노브스키는 심신으로 두 번의 대전을 체험했다. 두 차례의 대전을 겪으며 그는 유배지와 같은 상황 속에서 야연했다. 전차의 대전 중에는 남태평양의 트로브리안드에서 쿨라를 만났고, 후차의 대전 중에는 멕시코 와하카의 시장에서 메따떼를 제작하는 장인들과 시간을 보내면서 전통시장 질서 속의 교환원리를 추적하는 야장을 남겼다. 유럽의 식민주의적 자본이 할퀴고 간 자국의 상처가 살아가는 사람들의 삶으로 메워지는 모습을 그리려고 노력했던 말리노스브키는 진정한 휴머니스트였다고 말하고 싶다. 아름다운 삶의 모습이 보인다고 해서 그 내면의 삶까지 아름다움으로 가득 찬 것은 아니다. 삶은 고통을 안고 있게 마련이다. 그 고통의 삶을 아름답게 그리려고 노력하는 것은 그 삶을 보는 사람의 몫이다. 말리노브스키는 트로브리안드 사람들과 그들과 함께 어우러져서 살아가는 사람들이 만들어낸 삶으로부터 배운 결과를 쿨라라는 삶의 모델로 제시하였다. 그 속에는 전체주의의 권력이 횡행할 자리가 털끝만큼도 없었기에 말리노브스키의 저작물들 속에서 마르크스적 모형은 아예 자취조차 남길 틈이 없다. 그는 자본^{자본주의, capitalism}과 권력^{공산주의,communism}의 너머에 존재하는 사람의 삶을 그리기에 여념이 없었다. 그것이 쿨라였다. 쿨라라는 모형으로 드러난 삶의 복잡성을 해명한다는 것이 어렵다는 점은 말리노브스키 스스로 고백한 내용이기도 하지만, 그 복잡성을 구축해가는 과정이 고통과 상처를 치유하는 방법이었을 것이라는 소견을 제시하고 싶다. 함께 살아간다는 것 자체가 부대낌을 통한 삶의 구축이다. 그 과정에 정성을 다하는 것이 아름다울 수 있다는 희망을 우리에게 보여준 것이 말리노브스키의 토속지다. 자본과 권력의 너머에 존재하는 삶의 양식을 찾으려고 노력하였던 말리노브스키의 노력으로부터 지금 우리가 배울 수 있는 것은 함께 살아감과 그 의미를 재확인하는 것이다. 나는 그것을 공생이라고 추상화한다.

라틴어 com mensa를 기초로 만들어진 영어가 commensal-ism이다. 번역하여, 공생주의다. com mensa. "밥상을 함께 한다"는 말이다. 이것이 공생 모델의 출발점이자 최소형의 모습이다. 쿨라의 축제를 준비하는 시나케타 사람들은 몇 년 만에 찾아오는 손님들을 위하여 제일 좋은 타로와 얌, 그리고 생선들을 준비하고, 그것들을 요리할 수 있는 그릇들을 만든다. 정말 멋진 상차림을 위해서 모두가 정성을 다한다. 찾아오는 손님들은 그 정성을 알기에 자신들을 태우고 항해해야 할 배를 만드는 과정에 정성을 다한다. 트로브리안드의 미학이 거론되어야 할 대목이다. 주인과 손님이 함께 앉은 자리는 정성으로 가득하다. 파트너를 위하여 준비한 선물들의 대표주자들이 조개로 만든 목걸이 팔찌다. 대를 물려서 돌고 도는 목걸이와 팔찌는 수많은 사람들의 기억을 보듬고 있다. 그 지역의 역사를 담아내고 있는 물건들인 셈이다. 밥상을 놓고 마주한 사람들이 만들어가는 삶을 아름답게 그려내려고 노력했던 말리노브스키의 의도는 오늘날 우리들이 헤집어 놓은 지구 생태계를 비추어보는 거울의 역할을 한다. 그 대상이 누구든지 간에, 함께 살아가야 하는 삶의 회복이 절실한 지금 말리노브스키의 쿨라는 공생주의로 부활하는 의미가 있다. 물질 순환과 에너지 유동의 생태권이 무대가 된 쿨라의 모델이 공생주의인 것이다. 밥상 위의 쌀

밥이 수은으로 오염되어서는 아름다움 밥상이 만들어질 수가 없다. 밥상 위의 시금치와 멸치가 납으로 뒤범벅이 되어 있다면, 그것은 밥상이 아니라 오염통이다. 백 년 만에 읽히는 말리노브스키는 너와 나의 밥상에 대한 자성을 요구하고 있다. 이것이 미래의 문제이고, 지금 우리가 말리노브스키를 다시 읽어야 하는 의미 부여를 정당화하기에 충분하다.

나의 '말리노브스키 읽기'는 미네소타대학University of Minnesota에서 유학하던 시절에 시작되었다. 1979년에서 1980년 겨울까지 한 학기 동안 스펜서Robert F. Spencer 선생의 세미나 시간에 소수의 대학원생과 인류학사에 관심을 갖는 교수 몇 분이 함께 일주일에 두 번씩 심도 있는 토론을 가졌다. 건물이 떠나도록 고함을 지르면서 말씀을 하시는 철학자 미샤 펜Misha Penn 선생의 집요한 공격에 항상 미소로 대응하던 스펜서 선생 덕분에 당시 미국의 학계에서 이해되고 있었던 말리노브스키에 대해서 어느 정도는 터득을 하게 되었다. 그 후 1980년대 중반에 한국의 인류학계에서도 관심을 갖는 동학 몇 분들을 중심으로 말리노브스키 읽기 모임(임봉길 교수를 좌장으로 하여 김성례, 김용환, 김주희, 왕한석, 윤형숙, 이용숙, 조옥라 그리고 소생)을 만들어서 장소를 바꾸어가면서 일 년여 동안 세미나를 가졌다. 대우학술재단으로부터 세미나 비용을 지원받았기 때문에 가능하였다. 그러한 세월을 지내는 동안, 나는 은사들과 동학들 덕분에 그럭저럭 말리노브스키의 저서들을 상당수 읽을 수 있는 기회

를 가지게 되었다. 앞으로 기회가 되면 눈을 감기 전에 '말리노브
스키 제대로 읽기'를 또 한 번 하고 싶은 심정이다. 이제는 제대로
읽을 수 있을 것 같은 생각이 든다.

2009년 당시 서울대학교 사회과학연구원 김세균 원장으로부터
'현대 사회과학 명저의 재발견' 집담회에 『항해자』에 대한 발표를
해달라는 주문을 받고, 평소에 읽어둔 것을 배경으로 구두발표는
땜질하였으나 기간 내에 원고작성을 하지 못하였고, 결국 제때 출
판되지 못하고 포기한 상태였다. 기회가 오면 한 번 정리를 하려는
마음만으로 위안을 삼고 게으름을 피우는 필자에게 차기 원장인
오명석 교수의 독려가 이어졌다. 그 꼭지가 이책에 실렸다. 시始와
종終 간의 세월이 길었다. 긴 세월 기다려주신 두 분에게 이 자리를
빌어 고마움의 말씀을 드리고 싶다.

예일대학 스털링도서관 아카이브실에 소장된 말리노브스키 문
서와 사진 자료들을 볼 수 있었던 기회가 이 책을 만드는 데 큰 용
기를 주었다. 아카이브실의 담당자들과 인류학과 학과장 앤 언더
힐Ann Underhill 교수 그리고 마이클 코우 교수에게 각별한 감사말씀
을 드리고 싶다. 본서의 편집이 마무리되어갈 즈음에 우연히 사회
학자 김인수 박사로부터 이해영 교수에 관한 자료를 얻게 되었다.
이해영 교수께서 1955년 2월 7일에 작성해서 록펠러재단으로 제
출하였던 자필 이력서로서, 당시 미국 유학을 준비하던 과정에 제
출되었던 문서이다. 이 자필 이력서의 출처는 다음과 같다. "Lee,

Hae Young - Curriculum Vitae," RAC reference: Rockefeller Foundation Records, RG 10.1, FA 244, Box 385, Folder 5650. 귀한 자료를 제공해주신 김인수 박사께 감사의 말씀을 드린다. 이 이력서에 기재되어 있는 내용 중에 말리노브스키의 이름이 나온다. 1949년 7월에 대학을 졸업한 이해영의 졸업논문 제목은 'Culture and Personality: A Cultural Anthropological Study'였다. 그 논문의 내용에 말리노브스키를 다루었으며, 1950년 3월 이해영은 '말리노브스키의 문화 개념'이라는 주제로 서울대 사회학연구회에서 발표를 한 적이 있고, 1954년 1학기에 사회학과 2학년과 3학년생을 대상으로 '문화인류학'을 강의하였다는 기록이 있다. 환언하면, 해방 후 가장 먼저 말리노브스키의 인류학에 관심을 갖고 논문을 작성했던 분이 이해영 교수라는 결론이 가능하다. 이해영 교수는 한상복 선생의 은사이기도 하다. 귀한 자료를 공유해준 김인수 박사께 다시 한 번 감사의 말씀을 드린다. 서울대학교 인류학과에서 인류학을 수업한 정성원 군이 출판사를 마련하고, 나에게 인류학 서적의 출판준비를 주문하였다. 제자의 요구는 나에게 커다란 숙제로 돌아왔고, 그의 부름에 보답하기 위해 말리노브스키를 제시하였다. 정 군의 인류학적 지식이 본서의 교정과정에서 광휘를 발휘하였다. 눌민의 무궁한 발전을 빈다. 집필된 글들의 시간차와 목표의 차이가 있기 때문에 표현에 있어서 발생할 수밖에 없는 편차에 대해서는 독자들의 심심한 이해를 구하고 싶다. 원고들을 한 덩어

리로 묶어내면서 그러한 편차를 줄이려는 시도를 한 결과가 이 정
도이다. 질정과 양해를 바란다. 또한 나의 새로운 용어 제시에 대해
서도 독자제현의 질정을 바라며 서언을 가름한다.

　다시 한 번 더 반문한다. 왜 이제 와서 말리노브스키를 논하냐
고. 그는 "20세기 인류학의 필수요소$^{sine\ qua\ non}$"이자 곧 "해결사
$^{deus\ ex\ machina}$"이기 때문이다(Thornton & Skalinik 1993: 249). 인류학
도들이여 야망을 품어라! 야장과 사진기를 들고 낯선 사람들과 부
대낄 수 있는 곳으로 나아가라! 무명의 외국인이었던 말리노브스
키가 유배지에서 꿈을 꾸었던 방법론적 혁명이 인류학도들에게 제
시하는 목소리를 들어라!

　　　　나의 인류학 입문 50년이 저무는 민다나오의 수리가오에서
　　　　　　　　　　　　　　　　　　　　전경수 삼가 적음

1장

말리노브스키의 문화이론文化理論
―맥락론脈絡論에서 기능론機能論으로

1. 서언序言: 원전原典을 읽는 의미

말리노브스키가 주도한 방법론적 혁신의 세 가지 측면은 야로野勞, fieldwork와 원주민原住民의 관점觀點, native's point of view 그리고 기능주의機能主義, functionalism라고 요약할 수 있다. 기능주의라는 것이 곧 바로 그의 문화이론에 해당되는 부분이라고 생각되기 때문에, 본고에서는 말리노브스키의 인류학에서는 어떠한 과정을 거쳐서 기능주의 또는 기능이라는 개념이 생성되었는지에 대한 물음을 출발점으로 하여, 그러한 입장의 정리에 지대한 공헌을 했다고 생각되는 맥락脈絡이라는 문제를 중점적으로 논의하고자 한다.[1] 맥락이라는 개념 자체에 대한 논의라기보다는 말리노브스키의 토속지적 작업들이 직접적 또는 간접적으로 노정시키고 있는 맥락이라는 문제와 맥락의 관심으로부터 기능의 관심으로 이전되고 있는 말리노브스키 인류학의 학설사를 일별해보고자 한다. 그가 저술한 많은 트로브리안드의 토속지들 속에서 나타나는 내용들중에서 상기에 제기된 문제들과 관련되는 점들을 논의하는 것이 본고의 목적이며, 본고

---

1 말리노브스키의 인류학에 관한 논의는 그의 제자들에 의해서 집중적으로 조명된 적이 있고, 그 결과가 단행본으로 발행된 바 있다(Firth 1957). 이 책은 그의 사후死後 약 10년이 지난 후에 그의 제자들을 중심으로 말리노브스키의 업적에 대한 평가의 필요성이 대두되면서 만들어졌다. 레이몬드 퍼쓰를 중심으로 하여 모두 12명이 참가한 이 작업의 어느 구석에서도 말리노브스키의 맥락론에 대한 언급은 찾아볼 수 없다. 말리노브스키의 맥락 개념에 대한 관심의 중요성을 지적한 최초의 작업은 아네트 와이너Annette B. Weiner의 1988년 작품이라고 생각된다.

가 제기하는 문제와 답변의 내용들도 모두 그의 토속지적 작업의
범위 내에 한정되고 있음을 밝힌다.

　이러한 논의는 말리노브스키 이후의 많은 인류학자들에 의한
이론적 또는 방법론적인 주장들과의 비교에 의해서 보다 더 폭넓
은 수렴이 가능하다고 생각하지만, 말리노브스키의 원전에 충실
한 논의가 이론적인 오염을 방지할 수 있다는 장점도 있다고 생각
한다. 즉 내가 이해하고 있는 말리노브스키의 인류학적 방법론을
논의하고 싶은 것이지, 남이 이해한 말리노브스키의 인류학을 내
가 어떻게 이해할 것인가의 문제는 본고의 의도와는 별개의 것이라
고 생각하는 것이 좋겠다. 우리 학계의 실정은 남의 이론이나 '말
씀'만을 앵무새처럼 옮겨다 놓는 경향이 강한 특징을 안고 있다.
남들이 뱉어내는 현란한 단어만을 탈맥락적으로 읊어대는 경우들
이 있음을 직시하지 않을 수 없다. 탈맥락적인 단어 나열에만 급급
한 시간을 보내다 보니, 우리가 만들어내는 학문의 내용들은 영원
히 종속적 테두리를 벗어나지 못하는 것 같기도 하다. 우리는 이러
한 경향을 학문적 식민주의學問的 植民主義라고 이름하기도 했고, 그러
한 경향에 대해서 비판적인 시각을 포효하기도 했지만, 실제로 우
리 스스로 그러한 질곡을 벗어나려는 노력의 필연성 앞에서는 게
으름과 인색 속으로 빠져들었던 점도 부인할 수가 없다.

　남이 파 놓은 고랑을 따라서 흘러들어가는 물줄기를 형성하는
것에 만족하지 않고, 이제 스스로 고랑을 파고 그 고랑을 따라서

물줄기를 흘려보내려는 노력의 시작이 필요한 때라고 생각한다. 인류학이라는 공부를 하는 이상, '너의 인류학'을 피할 길이 없는 것이 사실이다. 그렇다고 해서 언제까지나 '너의 인류학'만을 하고 있을 수도 없는 것이, '나의 인류학'을 하려는 사람의 욕구이기도 하다. 그리고 '너의 인류학'이란 것도 '나의 인류학'에서 출발한 것이고, 그것이 양洋을 건너서 이전되는 과정에서 '너의 인류학'이 되어버린 것임을 감안해야 한다. 이러한 과정적인 문제들을 생각한다면, 이제 나는 '나의 인류학'을 염려해야 할 단계에 왔다. '너의 인류학'을 흉내내기에 익숙해지려는 몸짓만으로는 '너의 인류학'도 안 되고 '나의 인류학'도 안 된다. '나의 인류학'을 위한 어설픈 몸짓이라도 시작할 필요가 있다. 어설픈 걸음마로 '천 리 길도 한 걸음부터'.

　인류학사상 가장 위대한 업적이 많이 들어 있고, 인류학의 발전에 획기적인 전기를 마련했다고 평가되는 말리노브스키의 원전原典을 우리 시각으로 읽어내는 작업이 '나의 인류학'의 '천 리 길'을 위한 하나의 첫걸음이 될 수 있다는 신념이 필자로 하여금 '말리노브스키 읽는 모임'에 가담하게 했고, 또 본고를 작성하게한 기본적인 동기이자 정신이라고 말할 수 있다.

　나의 글이 담고 있는 예상되는 문제점은 말리노브스키를 읽는 나의 입장이다. 그의 글들을 비판적으로 읽으려고 노력하기보다는 먼저 그가 무엇을 의도했는가를 이해하려는 노력이 앞섰기 때문에, 그의 작업들이 담고 있는 문제들을 지적하려는 노력을 가능한 한 하지 않았다. 솔직히 말하면, 나는 그럴 만한 능력이 부족했다. 이러한 작업은 충분히 후속적인 노력을 기대해볼 수 있는 가치를 지닌 것으로 생각된다.

2. 총체성總體性과 맥락脈絡

말리노브스키의 문화현상에 대한 이해양식mode of understanding은 그 이전의 "당신은 트로브리안드의 쿨라를 어떻게 이해하고 있습니까?"라는 식의 질문으로부터 "당신은 트로브리안드의 주민들이 쿨라에 대해서 어떠한 생각을 갖고 있는지를 어떻게 이해하고 있습니까?"의 질문방식으로 전환하였던 것을 알 수 있다. 이것이 그 전前세대의 민족학자나 인류학자들과의 차별성을 짓는 가장 획기적인 차이점이라고 지적될 수 있다. 후자의 질문에서는 이해의 주체가 이중적으로 등장하는 것이 특징이다. '내가 무엇을 이해할 것인가' 하는 물음이 연구의 주된 관심이 아니라 '그들이 무엇을 어떻게 이해했는가를 내가 어떻게 이해할 것인가'인 것이다.

이상과 같은 두 가지의 이해양식의 결과들에 대해서 생각해보면, 두 가지 이해양식의 차이점은 더더욱 극명하게 드러난다. 연구자인 '내'가 나의 입장에서 이해한 것을 독자들에게 이해시키려는 목적의 결과물이 생산되는 것이 아니라, 원주민인 '그들'이 이해한 그들 자신의 삶을 제삼의 '그들'에게 전달하는 목적의 결과물이 토속지라는 방식으로 나타난다. 따라서 전자의 경우에는 나와 나와 함께 있는 독자들 즉 '우리들'의 상황이 중요한 것이고, 후자의 경우는 원주민인 '그들'의 상황이 중심이 되게 마련이다. 우리들의 상황을 중심으로 하는 논의와 그들의 상황을 중심으로 하는 논의를 비교해본다면, 논의라는 차원의 근본적인 차이점은 맥락의 여부라고 생각된다. 우리들의 상황에서보다는 그들의 상황에 대한 논의가 맥락의 문제를 심각하게 요구하게 마련이다. 내가 이해할 대상은 '무엇'이 아니라 '그들이 어떻게 이해했는가'이기 때문에, 과학적 탐구의 궁극적인 목표는 '무엇'이라는 제도制度가 아니라 그 '무엇을 어떻게 이해했는가'의 과정을 구성하는 맥락적인 상황에 담긴 의미意味의 문제일 수 밖에 없다.

따라서 나는 말리노브스키의 이해양식을 맥락론이라고 이름짓고 싶은 것이다. 친척에 대한 관심에 있어서도 말리노브스키는 그것을 구성하는 '뼈'와 '살'에 대해서보다는 뼈와 살로 구성된 사람이 어떻게 움직이고 생각하느냐에 대해서 더 깊은 생각을 하였다. 이러한 관심을 달성하기 위해서 뼈와 살로만 이루어진 사람에게 맥락을 불어넣는 일을 하려한 것이 말리노브스키의 입장이라고 생각된다.

뒤르껭의 방법론이 사회적 사실social fact에 핵심적인 관심을 기울

58

였다면, 말리노브스키의 그것은 총체적인 사회적 사실total social fact 에 고정되어 있었다(Malinowski 1922: xvi). 이 총체성totality이라는 것의 문제를 풀어내기 위해서는 그것을 구성하는 요인들 간의 관계에 대한 물음을 제기할 수밖에 없고, 살아 있는 사람들에 의해서 끊임없이 재구성되어 나가는 요인들의 의미는 맥락이라는 개념으로 환원될 수 있다. 따라서 총체성이라는 존재론적인 질문이 맥락이라는 방법론을 자연스럽게 유도하는 것이다. 더군다나 "관문참여"[2]이라는 문제의식 하에서 진행되는 야로野勞가 생산해내는 정보라는 것들의 성격이 맥락적인 경향이 강하다는 점을 인식할 필요가 있다. 수집된 정보를 정리하여 트로브리안드의 삶이 주민들에 의해서 어떻게 이해되고 있는가 하는 서술 과정에서 다가오는 질문은 '그 맥락을 구성하는 것이 어떤 것들일까?'이고, 그에 대한 말리노브스키의 해답은 개별적으로 나타난 쿨라, 성性, 주술呪術, 아버지 등이라고 말할 수 있다. 총체성이라는 구조물에 맥락이라는 내용을 채우는 전략이 말리노브스키의 토속지적 방법의 핵심으로 이해된다.

2　이 용어에 대한 자세한 논의는 본서 126페이지 이하부터 참조하길 바란다.

3. 맥락脈絡과 토속지土俗誌

말리노브스키가 생각하는 인류학자의 작업은 각종 제도의 원리와 법칙에 대하여 관심을 갖고 원주민들의 관념을 탐구해야 하는 접근법이고, 원주민들의 생활에 대한 명확한 그림을 그리기 위해서는 "살아 있는 사람"들과 긴밀한 접촉의 관계를 유지하는 것이라고 지적할 수 있다. 그 결과는 가능한 한 세밀한 기록에 의해서 정리할 것을 요구함으로써, 연구자는 참여와 심층면접이라는 방법을 고용해야 한다는 방법론적인 문제를 시사하고 있다.

  트로브리안드 사람들의 생활을 이해하기 위해서 말리노브스키가 제시한 연구대상의 구체적인 범위에 대해서 정리해볼 필요가 있다. 그는 "사회조직의 원리와 법률과 관습의 규칙 및 원주민들이 갖고 있는 주술적이고 기술적이고 과학적인 관념을 연구대상의 범위로 삼고 있다는 데 주목할 필요가 있다"(Malinowski 1935: 4)고 역설하였다. 법률이나 관습이라는 제도 자체가 아니라 그것을 움직이는 원리와 법칙에 대해서 관심을 갖는 인류학자의 태도를 강력하게 요청하고 있는 것이 말리노브스키의 인류학이라고 말할 수 있다. 그는 원주민의 관념이 중요한 연구의 대상임을 언명하고 있다. 이러한 차원에서 그는 원주민들이 "미적美的 목적"을 위해서 많은 시간과 노동력을 투입하고 있다는 점도 지적한다. 농업노동과 시간에 관여되어 있는 미적목적과 비공리적인 요인들에 대한 관심의 지적은 트로브리안드 사람들이 항상 계산된 행동과 공리적인 목적으로만 살아가지 않는다는 일상생활의 당연한 현상을 지적하고 있을 뿐만 아니라(Malinowski 1935: 8), 인류학자의 관심은 그러한 현상에 내재하고 있는 원주민들의 관념으로부터 원주민들을 이해해야 한다는 인류학자의 입장을 강변하고 있는 것으로 해석될 수 있다.

이러한 말리노브스키의 입장은 이미 지적된 그의 관심에 대한 평가와도 일치하고 있다. 그는 제도에 관심을 두는 것이 아니라, 그 제도의 이면에 있는 원리나 규칙에 관심을 두어야 한다는 주장을 하고 있다. 경제제도, 정치제도, 종교제도 등의 제도에 관심을 두는 사람이면, 각각의 제도라는 형식에 의해서 명확한 구분이 지어지는 어떤 부분에 대해서 언급을 해야 하기 때문에, 경계가 분명한 제도의 입장에서 보아서 애매모호한 영역에 놓이게 되는 비공리적인 요인들이나 미적인 목적의 행위들에 대해서는 관심을 갖기가 상대적으로 어려울 것이라는 생각이 든다. 따라서 제도보다는 원리와 관념에 대한 관심을 인류학적 연구의 대상으로 간주하고 있는 말리노브스키의 입장은 후세 인류학의 분명한 흐름에 많은 영향을 미친 것으로 생각해도 좋을 것이다.

맥락론자의 입장은 다음과 같은 문구에서 잘 표현되고 있다. "모든 인간 질서 속에서는 특히 작은 규모로 구성된 모든 원시적인 제도들에 있어서는, 모든 개별적인 규칙들이 서로 모순을 일으키기

도 하고 하나의 규칙이 다른 규칙을 기각하기도 하는 예외적인 양
상들을 많이 갖고 있기"(Malinowski 1935: 39)도 하고, "모든 문화
에서 '가족'이나 '씨족'들은 약간씩 서로 다른 특징적인 모양새들
을 갖추고 있고 동시에 그들만의 특징들을 소유하고 있기도 하다"
(Malinowski 1935: 33). 그의 인간 질서와 문화에 대한 인식의 저변에
는 무한한 삶의 조각들이 상정되어 있고, 그 많은 조각들에 대해서
다 의미를 부여해야 한다는 의무감도 내포되어 있다. 그는 그 많은
간과하기 쉬운 삶의 조각들을 맥락이라는 그물망에 담으려는 노
력을 그의 토속지에서 구현하고 있는 것이다.

농경주술農耕呪術에 사용되는 주문呪文 44개에 대해서 맥락적인
분석(Malinowski 1935: 253-342)을 시도한 말리노브스키는 맥락적
분석의 과정과 절차를 구체적으로 예시하려는 노력을 하고 있다.
맥락적 분석의 과정에는 사회적 맥락(사회학적 맥락), 의례적 맥락,
형식적 맥락(구성), 교리적 맥락, 음송적 맥락(음송 양식)이 포함되
어 있다.

사회적 맥락社會的脈絡의 내용은 주술사와 주민들간의 관계에 주
목하면서, 주문 사용의 시점 전후에 매개된 양자의 관계를 요약하
고 있다. 주술사가 주문을 읊기 위한 준비단계에서 주민들의 태도,
주술사가 주문을 읊을 때 주민들의 구성 및 반응, 그리고 그 이후
주민들의 행위 등이 약술되어 있다. 이러한 분석을 통하여 말리노
브스키는 주술사와 주민들간의 정치적 관계에 내재된 특성을 암

시적으로 그리고 때로는 직접적으로 보여주고 있다. 의례적 맥락儀禮的脈絡은 주문의 의례적 성격을 다루고 있다. 주술 시에 이용되는 여러 종류의 물건과 주문과의 관계, 그리고 주술사의 구체적 행위가 다루어지고 있다. 주문의 농경 주술적 영향력이 주민의 논리적 상황 아래에서 어떻게 가능한지를 제시하고 있다. 형식적 맥락形式的脈絡에서는 각 주문의 형식적인 구성을 다룬다. 예를 들어서, 주문이 몇 연으로 이루어졌으며, 간단한 형식인지 또는 복잡한 형식인지, 그리고 단순한 읊조림인지 아니면 문답식인지 등으로 설명한다. 교리적 맥락敎理的脈絡에서는 주문의 의미분석이 시도되고 있다. 주문에서 언급되고 있는 인물이나 어휘 또는 구절들이 어떤 식으로 이해될 수 있는가를 원주민 문화에 대한 기존의 지식을 동원하여 설득하고자 하였다. 말리노브스키는 자신의 핵심제보자뿐만 아니라 다수의 주민들로부터 의견수렴 과정을 가졌음을 강조하고 있으며, 그럼에도 불구하고 많은 경우에 나름대로의 의역을 하지 않을 수 없었다고 술회한다. 음송적 맥락吟誦的脈絡에서는 주술사가 주문을 읊조리는 억양을 주로 다루고 있다. 주문의 행위에 따라서 강약이 달라지고 노래하듯이 또는 말하듯이, 또는 고저장단에 의한 소리의 형식에 대해서 묘사한다.

　이상과 같이 트로브리안드의 농경주술에 나타나는 주문에 대한 다섯 측면의 맥락적 분석은 말리노브스키가 트로브리안드 문화의 이해에 있어서 맥락이라는 문제를 얼마나 심도 있게 다루고 있는가 하는 점을 과시하기에 충분하다. 맥락이라는 현상 자체가 더 많은 맥락을 요구하게 되고, 끊임없는 맥락화의 결론은 궁극적으로 현상의 총체성을 지향하기 때문에, 어느 정도까지 맥락화를 시도해야 하느냐 하는 질문은 필요가 없게 된다. 아무리 풀어내어도 도저히 풀어헤쳐 볼 수 없는imponderable 인간의 현상을 추구하는 인류학자가 그러한 현상을 풀어헤쳐 내는 과정을 맥락이라는 개념으로 이해하자는 것이 말리노브스키의 의도라고 생각된다. 맥락화라는 분석전략은 그 자체로서는 끝이 없을 수 밖에 없다. 다만 맥락화의 과정이 문화와 인간이해에 접근하는 길이라고만 이해하면 될 것 같고, 맥락화가 문제를 완결 지어 주는 것은 아니지만, 방향은 제대로 제공하는 것이라고 생각해야 할 것 같다. 어느 누구도 총체성이라는 문제를 완결 지을 수 없는 상황에서는 겸손한 차선의 접근이 맥락화라고 인정해야 할 것 같다. 인류학자가 만들어 내는 결론적인 생산물은 규칙적이고 지속적인 관찰에 의해서 나타나는 필연적이고 적정한 양상들을 찾아내는 것이긴 하지만, 보다 더 중요한 것은 결론으로 나타난 "요약들이 어떻게 치밀하게 추적이 되는가? 내재된 감정과 열정은? 작지만 중요한 세밀함들은? 주민과 제도의 내적 관계는?"(Malinowski 1922: 387) 등의 질문들을 보여주는 것이다. 이러한 과정이 바로 말리노브스키가 추구한 맥락화의 전략이라고 말할 수 있다.

　　바투비vatuvi[3](Malinowski 1935: part 6, 248)라는 단어로 시작하는

64

오마라카나Omarakana의 농경주문을 예로 들어보면, 주술사는 조상신에게 생선을 공희로 제공하면서 계속해서 "바투비"라는 단어를 음송한다. 그 단어를 크게 얘기할 때도 있고, 작게 읊조릴 때도 있다. 주술사는 그가 만들어내는 주술적인 혼합물에 대해서 주력을 불어넣기 위해서 "바투비"라는 단어를 주물들 위에 불어넣는다. 그 행위는 숨breath에 대해서 가장 중요한 의미를 부여하게 되기 때문에, 궁극적으로 주술이 곧 숨이고 숨이 곧 주술이 되는 셈이다(Malinowski 1935: 215-216). 주문呪文과 주물呪物에 주력呪力이 깃들게 되는 과정을 주술사의 숨이라는 행위로부터 찾아내는 관찰과 분석과정은 트로브리안드 농경주술을 맥락적으로 해석해내는 극치라고 말할 수 있다. 결국 "주술에 담긴 신비한 의미는 맥락으로부터 도출된다"(Malinowski 1935: part 6, 227)고 생각하는 말리노브스키는 현상의 해석에 있어서 "의미의 맥락화contextualisation of meaning"(Malinowski 1935: part 4, 37)에 최대의 심혈을 기울인다. 그 자신이 문제를 제기했던 감정이나 열정뿐만이 아니라 주민들의 행동과정에서 나타나는 "숨"에 대해서까지 세심한 관찰을 한 결과가 트로브리안드 문화의 맥락을 짚어내는 가장 중요한 단서로 이해되는 것이다. 한편 그는 자신이 행했던 트로브리안드 사람들의 선물증수

---

3 이 단어는 특정 물건을 지칭하는 것은 아니고 주술적으로 전체적인 상황의 측면을 포착하려는 표현이며, 그 단어는 문법적 형태를 취하는 것도 아니다. 그것은 명사도 아니고 동사도 아니며, 그냥 반복적으로 음송되면서 주술적인 의미를 부가해주는 것 같다.

에 관한 설명에 있어서 맥락을 상실한 관찰 때문에, 선물의 의미를 제대로 파악하는 데 실패한 경우도 있었다는 고백을 하기도 한다 (Malinowski 1926b: 40).

말리노브스키는 그 자신이 만들어내는 토속지에 대해서도 맥락화하려는 의지를 강하게 표현하고 있다. 트로브리안드 주술언어의 이론에 대한 객담^{digression}(Malinowski 1935: part 6, 231)은 "내가 이런 두서없는 소리를 해보노라"하는 뜻에서 자신이 행한 인류학적 작업 그 자체를 맥락화하는 전략이 깃들어 있다. 시시콜콜한 자신의 생각이나 스스로 잘못했던 것들까지도 모두 자신의 작업을 맥락화하는 데 동원하고 있다. 어떻게 보면, 말리노브스키는 이 세상에 등장했던 어떤 인류학자들보다도 가장 철저하게 솔직한 고백자임에 분명하다. 말리노브스키의 인류학을 이해하려는 후세의 인류학도들을 위한 맥락적인 자료들이 그의 고백 속에 담겨 있다는 점을 지적하고 싶다. 트로브리안드의 문화를 맥락적으로 이해하려는 시도를 했을 뿐만 아니라, 자신의 토속지적인 작업 자체를 맥락화하려는, 그래서 맥락론이라는 방법론적 관점이 일관되게 축적되고 있음을 암시하고 있다.

말리노브스키의 트로브리안드 연구를 승계한 와이너는 이 문제를 지적한 유일한 학자라고 생각된다. "토속지 연구가는 반드시 사람들 행위의 맥락을 이해해야만 한다. 카누를 만든 사람이 누군지, 그것을 항해할 권리를 갖고 있는 사람이 누군지, 그것을 사용하는 동안에 필요한 주문을 수행하는 사람은 누군지 하는 것들을 알지 못하면, 하나의 물건인 카누는 아무런 의미를 담지 못한다"(Weiner 1988: 4). 맥락 없는 토속지와 문화이해라는 것은 생각할 수도 없다는 정도다. 말리노브스키가 언어학적인 분석도 시도하고 사회심리학적인 해석도 시도하는 것은 맥락화의 방편이라고 이해하는 것이 말리노브스키를 이해하려는 사람에게 엉뚱한 혼돈상을 일으키지 않도록 할 것이다.

　그는 언어이론에 대해서도 철저하게 맥락론을 적용시키고 있다. 그의 언어연구에 대한 주관심은 일상적 담화^{speech}가 종교적 담화로 변화하는 데서 일어나는 의미확장 과정을 추적하려는 것이고, 여기에서 채택되는 준거기준은 엄밀한 맥락 추출인 것으로 이해된다. "언어란 것은 궁극적으로 형태와 의미로 수렴되는데, 형태라는 것도 맥락 내에서의 소리이고, 의미라는 것도 맥락 내에서 소리의 결과이다"(Malinowski 1935: part 6, 232). 그리고 "단어라는 것도 담화의 요인이긴 하지만, 단어들은 (그 자체로서) 존재하는 것이 아니다. 단어들이 담화 실체 내에 독립적으로 존재하는 것이 아님이 인지되면서 우리는 맥락의 개념에 호소할 수 밖에 없기 때문에, 우리가 해야 할 다음 단계는 단어와 맥락 사이의 중간연결인 언어적인 텍스트에 매진해야 할 것이다"(Malinowski 1935: part 4, 23). 이 경우에도 명심해야 할 점은 "물론 텍스트도 중요하지만, 맥락 없는 텍스트는 생명이 없는 상태로 남게 된다는 점이다"(Malinowski

1926a: 24). 가히 맥락론자로서의 극단적인 입장을 과시하는 진술이
라고 말하지 않을 수 없다.

트로브리안드의 언어학을 하자는 것도 아니고, 심리학을 하자
는 것도 아닌 말리노브스키의 의도는 트로브리안드의 주문과 그
주문을 행하고 있는 주술사 그리고 주민들 사이의 관계에 맥락을
불어넣기 위한 노력이라고 생각하고 싶다. "그래서 우리는 인간의
측면이라고 불려질 수 있는 것들, 예를 들면 사회학적이고 의례적
이고 심리학적인 주술의 맥락부터 시작하고, 그 다음에 초자연적
이고 교조적인 맥락으로 옮아간다. 그리고 나면, 이 모든 측면들
은 가능한 한 가깝게 용접하는 것처럼 접합될 수 있을 것이다"(Ma-
linowski 1935: part 6, 250). 결국 말리노브스키의 트로브리안드 주술
이해는 맥락에서 시작해서 맥락으로 끝나는 것이라고 말할 수 있
고, 인간이란 것의 의미구현도 동일한 과정이라고 생각하는 것이
말리노브스키의 인간론이라고 말할 수 있다.

그러나 이 대목에서 짚고 넘어가야 하는 문제가 한 가지 있다.
그가 생각하는 부분部分과 전체全體에 관한 논리적인 구성의 문제
다. 그는 부분들을 모으면 전체가 된다는 가정을 하고 있는 것 같
다. 부분들을 용접하면 전체를 구성하게 될 것을 전망하고 있다.
그가 사용하는 총체성이라는 개념의 한계가 어느 정도인지를 파
악하게 하는 대목이다. 전체를 먼저 생각하는 것이 아니라, 부분들
간의 인과적 관계를 먼저 생각하고 난 다음에 전체를 생각하는 것

이 말리노브스키의 전체라는 개념이다. "전체는 부분의 합보다 크다"는 하이젠베르크의 명제가 말리노브스키의 입장을 보완해주는 것으로 이해하고 싶다.

4. 기능주의機能主義의 이론화理論化

기능주의에는 크게 두 가지 종류가 있다. 첫째는 '모든 것은 모든 다른 것들과 연관되어 있다'는 체계적 기능體系的 機能, systemic function의 인식이고, 둘째는 총체적 체계 내에서 일어나는 개별적 요인들 간의 인과적 기능因果的 機能, cause-and-effect function에 대한 인식이라고 요약할 수 있다. 전자는 일반체계론general systems theory의 등장에 힘입은 것이고, 후자가 말리노브스키가 관심을 가졌던 방식이다. 즉 트로브리안드라는 총체적 삶의 현장을 구성하는 개별적인 요인들로서 성과 주거 그리고 주술 등이 어떻게 서로의 원인과 결과가 되어서 전체를 구성하는 부분이 되고 있는지를 보여주고 있는 것이다.

쿨라를 비롯한 각종의 트로브리안드 의례에서 나타나는 의식적인 교환은 의무감의 작동에 의해서 사회적 결속을 강화하려는 것이며(Malinowski 1922: 182), 최초선물initial gift인 바가vaga에서 답례선물final or return present인 요틸레yotile에 이르기까지 작동하는 주 메카니즘은 일종의 의무감을 자극하려는 것이라는 설명(Malinowski

1922: 352-357)은 전형적인 뒤르껭을 보는 것 같으나, 그가 논의의 주
제를 신화나 농업으로 옮겨서 트로브리안드의 사회조직을 분석하
는 시점에 이르러서는 독창적인 기능의 개념을 발전시키고 있다.
"신화 속에 담긴 이야기들에서 진실로 중요한 점은 그것의 사회적
기능이고"(Malinowski 1926a: 43), "신화의 실재는 그것의 사회적 기
능에 있을 뿐만 아니라, 일단 우리가 신화의 사회적 기능을 연구하
게 되면, 그것의 완전한 의미를 재구성할 수 있게 되고, 점진적으로
우리는 원주민 사회조직의 완벽한 이론을 세울 수 있는 방향으로
나아가게 된다"(Malinowski 1926a: 44). 그는 기능이라는 개념을 세
우면서 사회조직을 설명하는 보편적인 이론을 전망하고 있다. 즉
최초선물에서부터 답례선물에 이르는 과정에 작동하는 메카니즘
을 기능이라는 개념으로 설명해보자는 것이 말리노브스키의 사
회조직이론이라고 말할 수 있다.

　말리노브스키는 농업을 설명함에 있어서 통합적인 전체에 중요
한 역할(기능)을 하는 점을 강조하고 있을 뿐만 아니라 더 나아가
서 농업이라는 것의 식량생산 행위라는 점(Malinowski 1935: 20)을
더욱더 강조하고 있다. 즉 농업이라는 문화를 보는 관점의 확립에
있어서, 농업이 사회통합의 기능이라는 차원에서 관찰될 수도 있
지만 더 나아가서 농업이라는 것이 모든 다른 작업에 우선하는 행
위로 관찰될 수 있다는 제안을 하고 있다. 이러한 입장으로부터 우
리는 말리노브스키가 사회를 설명하기 위해서 고려했던 개념들의

사진11 트로브리안드 사람들이 얌을 재배하고 수확하는 모습.

우선 순위를 감지할 수 있다.

　말리노브스키가 확립했던 기능주의적 시각의 구조적 배경은 야연의 무대적인 배경으로부터 추적될 수 있다. 그는 트로브리안드 섬에 1915년 6월 초순에 도착하여, 며칠후 트로브리안드 섬이 속해 있는 군도의 주섬이자 대추장大酋長, paramount chief의 거주지인 오마라카나에 정주하게 된다(Malinowski 1935: 9 & 13). 이러한 인류학자의 입지는 연구자로 하여금 쉽사리 연구대상 사회의 현상을 대추장의 거주지 또는 대추장의 입장에서 보는 경향이 성립되는 데 일조하였을 것으로 생각된다. 그러한 결과 그는 트로브리안드 섬을 다음과 같이 표현하고 있다. "트로브리안드 사람들이 갖고 있는 아름다움에 관한 정의는 무관심스러운 명상에 관한 무기력한 진술을 심미적 즐거움의 정수라고 말하는 칸트에 동의하기보다는 환희의 약속이라고 말하는 스땅달에게 동의할 것임에 틀림없다. 트로브리안드 사람들에게 있어서 눈과 마음으로뿐만 아니라 위장에 이르기까지 사랑스럽게 보이는 모든 것들은 안전과 번영 그리고 풍요와 감각적 기쁨이 약속된다"(Malinowski 1935: 10).

　갈등이라고는 존재하지 않는 낙원과 같은 곳이 바로 트로브리안드임을 말리노브스키는 그리고 있다. 물론 이 상황에서 우리는 영국을 떠나야 했던 당시 자신의 상황과는 극히 대조적인 면을 봄으로써, 말리노브스키의 트로브리안드 섬 안착으로부터 일종의 의도되지 않았던 현실도피적인 성격을 읽어볼 수 있다. (지금은 폴란드에 속해 있지만 당시에는 그렇지 않아 크라카우로 불리던) 크라쿠프 출신으로서 오스트리아헝가리제국의 여권을 갖고 있었던 말리노브스키는 일차대전의 발발로 인하여 영연방의 "적국 외인enemy alien"으로 오스트레일리아에 갇히게 되었다. 영연방 관리와 런던대학 교수 들의 노력 덕분에 말리노브스키는 결국 추방 대신에 뉴기니 트로브리안드로 유배되었던 것이다.[4]

일차대전이라는 소용돌이를 피해서 그야말로 조용한 서태평양의 고도에 앉은 그의 심경이 곧 극도의 심리적 안정을 추구했을 것으로 생각되고, 이러한 말리노브스키의 심리적 현상이 일종의 보상으로 작용함으로써 트로브리안드는 하나의 낙원처럼 묘사될 수 있었고, 말리노브스키의 순기능적인 사고과정의 취향이 쉽사리 기능주의적인 이론적 관점으로 정착할 수 있었을 것이라는 해석도 가능하다. 어떻든 말리노브스키의 기능주의가 정태적인 느낌을 줄 수 밖에 없는 것은 그의 토속지 속에서 빠진 시간 개념 때문인 듯하다. 그는 제도들이 사회 내에서 어떻게 기능하는가에 대해서 관심을 갖는 것이 중요하다고 역설하면서, 그 자신의 작업에서는 어떻게 기능했는가에 대해서만 관심을 쏟았다고 생각된다.

말리노브스키의 기능이라는 개념에 대한 관심이 후일 대두되는

---

[4] 거의 동일한 시기에 오스트리아헝가리제국의 여권을 갖고 시베리아를 경유하여 아무르 지역에서 토속품 수집활동을 하고 있던 헝가리인 바라토시Benedek Barathosi-Balogh(1870~1945)는 8월 12일 간첩혐의로 체포되었고, 일본과 미국을 경유하여 그해 11월 18일 부다페스트로 압송되었다 (Galambos 2008.7: 59).

갈등이란 문제에 대한 무관심이었던지, 아니면 트로브리안드라는 야연의 상황이 그러한 생각을 하게 하는 데 일조를 했는지에 대해서는 논외로 하더라도, 한 가지 분명하게 지적할 수 있는 것은 "기능의 개념과 그에 대한 관심은 현지에서 태생되었다"(Malinowski 1935: 480)는 점이다. 당시 인류학계의 이론적인 분위기는 진화론과 전파론이 팽배하고 있을 때였다는 점을 상기하고, 야연의 선구자가 말리노브스키라는 점을 접목시키면, 기능론이라는 입장은 야연을 배경으로 한 산물이었음을 지적할 수 있다. 환언하면, 당시로 본다면, 새로운 연구경향인 야연으로 얻은 프리미엄이 기능론의 불로소득으로 이전된 면이 없지 않다.

쿨라에 대한 후속적인 설명은 마르셀 모스의 『증여론贈與論』(Mauss 1925)을 보강함으로서 기능주의적인 입장이 훨씬 강화되는 양상을 보인다. 쿨라에서 제시되는 각종의 교환에 따른 행위들은 모스의 아이디어에 도움을 받아서 보다 더 세밀하게 구분된다. 예를 들면, "유혹선물", "관리선물", "거래선물", "개시선물", "답례선물"(Malinowski 1935: 41-42) 등의 개념들이 쿨라라는 체계의 유지를 위한 순기능들로 작용하고 있다는 것이 말리노브스키의 기본적인 시각이다. 이러한 크고 작은 쿨라들은 사회 또는 공동체의 통합에 필수적인 것으로 이해되고 있다. 뒤르껭이 주장하는 집합표상의 아이디어가 말리노브스키의 쿨라에서 구체적인 현상으로 전승되는 것 같고, 말리노브스키는 트로브리안드 사회의 집합표상으로서 제시된 쿨라의 개념을 논증하기 위해서 지역 간, 개인 간의 쿨라들을 토속지적 사례로서 등장시키고 있는 것이다.

"채소와 생선의 의식적 교환은 파트너 관계의 영속적인 체계에 기초한 것이고, 그러한 파트너 관계는 전체 공동체의 성원들을 연결시키고 있으며, 한 공동체내의 모든 성원들은 개인적인 파트너들을 갖고 있다"(Malinowski 1935: 42). 말리노브스키는 뒤르껭의 입장을 지지하고 있는 선에서 그의 논지를 종식시키고 있는 것은 결코 아니다. 트로브리안드 사회의 집합표상으로서 발견된 쿨라의 개념을 제시하는 것으로만 논의가 종결되었다면, 우리는 더 이상 말리노브스키의 저작에 대한 논의를 깊이 해야 할 가치를 발견하지 못한다. 그는 그 집합표상에 강조점을 두는 것이 아니라, 그 속에서 살아가는 사람들의 관계에 관심을 갖고 그러한 관계들이 어떻게 유지되는가 하는 문제를 기능이라는 개념으로 풀어나가고 있는 것이다. 이것이 바로 말리노브스키의 장점이라고 해석해야 할 것이라는 생각이 든다. "대체적으로 이러한 교환체계는 단백질 음식물을 선호하는 내륙 마을 사람들의 명백한 간청과 농업작물들을 기대하는 해변 마을 사람들의 욕구에 기초하고 있다"(Malinowski 1935: 43). "그런 고로 밭작물을 충분히 가지고 있는 사람은 그의 구역에서 발견되지 않는 원자재들을 교환에 의해서 얻고자 하는 것이며, 그것은 결국 생선의 형태로 있는 단백질 음식이다"(Malinowski 1935: 46). 그는 교환체계를 통한 일상생활에서의 인간관계에 관한 기능뿐만 아니라 교환의 결과가 생산해낼 수 있는 개인의 생리학적인 영양학적인 기능까지를 고려하고 있는 입장을 견지하고 있다.

생물학적이고 심리학적인 차원에서 문화를 이해하려는 후기의 말리노브스키는 기능이라는 문제를 명확하게 제시하고 나선다. "문화이론은 생물학적 사실을 품어야만 하고"(Malinowski 1944: 36), "우선적으로, 인간의 유기체적이고 기본적인 욕구의 만족이 개별 문화에 부과된 최소의 조건들이라는 점은 명백하다"(Malinowski 1944: 37)는 인식을 하게 된 말리노브스키는 인간의 기본욕구와 문화적 반응의 관계를 설명하는 다음과 같은 도식(Malinowski 1944: 91)을 작성하게 된다.

	기본욕구	문화적 반응
1	신진대사	식량공급
2	인구재생산	친척관계
3	신체적 편안함	주거양식
4	안전성	보호방식
5	움직임	활동
6	성장	훈련
7	건강	위생

76

이상과 같이 우리가 생각하는 문화라는 것은 인간의 생물학적이고 심리적인 기본욕구에 대한 반응이라고 규정하려는 후기의 말리노브스키의 의도는 소위 인류학의 과학화에 있는 것 같으며, 기본욕구와 문화적 반응 사이의 관계를 기능이라는 개념으로 설명하고 있다. "우리가 시도하는 것은 문화적 연행과 인간 욕구 사이의 관계를 설명해내는 것이며, 이러한 방식을 우리는 기능적이라고 이름할 수 있으며"(Malinowski 1944: 38-39), "기본욕구 즉 도구적이고 통합적인 충동적인 욕구에 관한 이론의 덕분으로 과학적 인류학은 우리에게 기능분석을 제공하고 있다……"(Malinowski 1944: 41-42). 인류학이라는 것은 이제 더 이상 이상한 족속들의 기이한 풍속에 관한 연구에 머무는 것이 아니라 보편적인 인간의 문제를 다루는 학문이라는 선언이 이상의 기능분석 속에 담긴 것이라고 말할 수 있다. 다분히 학문공동체내의 권력구조에 도전하려는 인류학자의 정치적인 의도가 깔린 주장이라고 생각된다. "아주 조밀하게 짜여진 사회적 구성을 위하여, 이념이나 신념 뿐만이 아니라 재화와 용역이 보다 더 광범위하고 깊숙하게 분배될 수 있도록 하는 공헌으로서 정의된"(Malinowski 1944: 170) 기능의 개념을 앞세운 이론화의 과정에서 맥락이라는 문제를 소홀하게 다루는 바람에, 후반에 부각되었던 "말리노브스키의 기능주의적 이론은 인간행동의 미묘함과 상징적 행동의 중요성을 모호하게 만드는"(Weiner 1988: 8) 효과를 생산하고 말았다.

변화를 설명하는 사례에 있어서도 말리노브스키는 정적인 평형 상태의 사회를 설명하고 있다. 유럽인들에 의해서 도입된 진주 채취와 관련된 경제적인 변화를 말리노브스키 자신은 "원주민 경제의 혁명revolution in native economics"(Malinowski 1935: 19)이라고 표현하면서, 그러한 경제적인 혁명에 대한 원주민들의 반응을 설명함에 있어서는 원주민들의 보수주의conservatism, their strict adherence to tradition and usage(Malinowski 1935: 19)를 강조하고 있다. 변화에 대한 원주민의 보수적 입장을 강조하는 인식이 드러나는 말리노브스키의 서술은 분명하다. 트로브리안드 사람들의 보수적인 입장에 관한 사례로서 그는 다음과 같은 세 가지의 현상을 열거하고 있다.

첫째, 진주조개를 채취할 수 있는 장소와 기술이 있음에도 불구하고 원주민들은 이전부터 라피lapi 조개가 생산되었던 지역 이외에서는 잠수작업을 하지 않으려는 경향이 강하고, 더욱 중요하게는 원주민들 자신이 기존의 권리를 침해하는 일에 대해서 정당하지 못한 것 또는 유치한 행위로 간주하는 경향이 강하게 작용하고 있다고 한다. 둘째, 원주민들이 선호하는 외제품으로는 담배가 있는데, 이것은 수적으로 상당한 제한이 있다. 따라서 외부상인들이 원주민들의 진주를 획득하기 위해서는 원주민들이 선호하는 목걸이용이나 팔찌용의 조개 또는 장신구들을 교환대상물로 준비해야 한다. 따라서 외부상인들은 원주민들이 선호하는 상품을 대량으로 마련하기 위해서 모조품들을 생산하였으나, 원주민들은 어디에서 제조되었던지 간에 관계 없이 원산지는 트로브리안드여야 하는 반응을 보였다. 즉 그들이 선호하는 교환품들은 모두 "원주민의 물건들native objects"이어야 한다는 반응을 보인 것이다. 똑같이 생긴 돌칼이라고 하더라도 유럽에서 몇십 년 전에 만들어진 것이면, 원주민들에게는 하나의 쓰레기에 지나지 않는다는 것이다. 셋째, 진주산업에 부수된 유럽인들의 영향으로서 뇌물의 문제라든가 부에 대한 원주민과 백인상인 사이에 벌어진 날카로운 경쟁관계 등도 결코 원주민들로 하여금 자신들의 전통적인 활동에 변화를 줄 수 없었으며, 전통에 대한 복종과 부족적인 명예에 대한 감각은 비교할 것도 없이 한 개인으로 하여금 밭을 제일 중요한 것으로 생각하게 하고, 두번째로는 교환을 위한 어업, 그리고 진주는 맨 마지막의 것으로 간주하였다"(Malinowski 1935: 20). 여기에서 우리는 말리노브스키가 생각하는 변화에 대한 시각에 대해서 하나의 문제를 제기할 수 있다.

말리노브스키는 경제적인 혁명의 현상과 원주민의 보수주의적인 대응이라는 구도로서 트로브리안드의 경제적인 변화를 주시하고 있음에 분명하다. 트로브리안드 경제에 혁명적인 변화의 영향을 미치고 있는 백인의 진주산업에 대한 말리노브스키의 분명한 인식이 있음에도 불구하고, 왜 그는 원주민의 보수주의적인 입장을 설명함으로써 트로브리안드 사회의 변화에 대한 서술을 끝맺고 있는가? 트로브리안드의 사회와 경제에 등장한 백인 중심의 진주산업이라는 것은 분명하게 트로브리안드의 맥락에서는 이질적인 요인이다. 이 이질적인 요인이라는 것은 잘 짜맞춰진 트로브리안드 사회의 구도를 흐트려버리는 결과를 초래하고 있기 때문에, 말리노브스키가 기초로 하고 있는 기능적인 시각에는 적합하지 않는 것이 된다. 말리노브스키가 농업을 설명함에 있어서 트로브리안드 사회에 있어서 농업의 위치를 "전체로서의 부족을 위한 통합적인"(Malinowski 1935: 20) 요인으로 생각하고 있는 점을 볼 때, 그는 요인들간의 기능적인 통합에 대해서도 심각하게 고려하고 있다는 것을 알 수 있다. 그러나 변화를 설명하는 그의 태도에서 나타나듯이 말리노브스키는 요인들간의 통합이라는 점에 강조를 하기 보다는 오히려 정태적인 기능을 가장 우위의 설명도구로 갖고 있다는 생각이 든다. 바로 이러한 점에서 미국의 유형론자들과 입장을 달리하고 있는 말리노브스키의 위치와 그의 기능주의적인 시각이 확인될 수 있다.

트로브리안드 사람들이 창고bwayma를 짓는 과정에 개입되는 기술에 관한 서술에 대해서 언급하면서, 말리노브스키는 인류학자들이 명심해야 할 기능적 접근과 기능적 방법에 관한 의미를 강조하고 있다. "사회학과 경제학 그리고 주술과 기술들 사이의 상관성이 지극히 현저했기 때문에 현지에서조차 나는 쉽사리 기능적 접근을 채택할 수 있었던 행운을 얻었다. 그러나 나는 나의 작업을 위해서 충분한 준비가 제대로 갖추어져 있지 않았으며"(Malinow-

사진12 야자나무들 사이의 얌 창고bwayma.

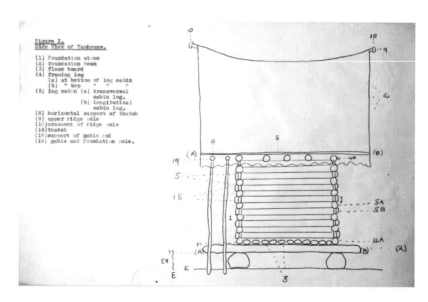

사진13 말리노브스키가 그린 창고 입면도의 실측도와 설명. 아카이브에는 평면도와 측면도 들이 여러 장 보관되어 있다.

ski 1935: 240), "나는 기능적 방법이란 것을 아주 중요한 것으로 간주하고, 그 방법은 자료가 우리들의 이해를 보장하는 것보다는 훨씬 더 실용적이라는 점에 대해서 전혀 의심을 하지 않는다. 따라서 인류학과 인류학의 시종인 야연가들은 문화의 다양한 측면들 사이의 관계들이 지극히 중요하다는 점을 더 많이 배워야만 한다"(Malinowski 1935: 241)는 단언을 한다. 동시에 그는 그 자신이 트로브리안드에서 실시한 초기의 작업에 대해서 스스로 비판적인 입장을 술회한다. 초기의 작업에서 기능적인 접근을 충분히 하지 못했음에 대한 술회는 자신의 초기 업적인 『항해자』에서 기능적인 방법을 활용하지 못했었다는 점을 지적하는 것으로 해석할 수 있고, 이제 1935년에 발행된 *Coral Gardens and their Magic*에서 방법적인 문제에 대한 숙고를 하게 되었고, 그 방법이란 것은 기능론이라는 입장이다.

그의 1922년도 책에서는 기능적 방법에 대한 구체적인 언급이 명확하게 드러나지 않고 있는 점을 본다면, 1922년에서부터 1926년과 1929년의 작업들을 거치고 1935년에 이르면서 말리노브스키의 인류학적 방법론이 진화하고 있음을 지적할 수 있다. 말리노브스키를 인류학자로 명성을 얻게 한 첫 작품은 『항해자』이고, 그를 유럽 학계의 스타덤에 오르게 한 작품들은 1926년부터 1927년 사이에 출간된 심리학적 작품들로서 그 연장선상에서 나온 *The Sexual Life of Savages in North-Western Melanesia*(1929)가 거의 모든 유럽의 언어로 번역 출판되면서 학계뿐만 아니라 서구 사회의 대중성을 확보하는 개가를 올렸다. 심리학적 작품들은 그가 지적한 대로, "사회학적 평행방법과는 거리가 멀지만 원시인과 유럽인의 명백한 비교"(Malinowski 1929: xxv)를 시도하는 전략이었음을 알 수 있다. 그의 이론적 취향인 맥락론을 가장 심도 있게 실천으로 보여준 작품은 *Coral Gardens and their Magic*(1935)이라고 말할 수 있다. 이 책이 "놀라우리만치 완벽한 농작의례 언어집성農作儀禮言語集成, corpus inscriptionum agriculturae quiriviniensis"(Thoronton & Skalnik 1993: 24)이라고 평가받는 것을 보면, 기능이란 문제를 논하기 전 단계의 작업과정에 대해서 필수 요소가 무엇인지를 알게 된다.

기능이라는 문제에 대한 그의 관심은 인간의 심리생물학적인 요구와 연결되면서 문화적 행동의 생물학적 결정인자를 논하게 하였고, 이러한 이론적인 전환을 근거로 하여 그의 심리생물학적 기능론은 보편적인 문화이론으로 자리를 잡는 의지를 보인다. 기능에로의 관심이 이 정도로 진행되면서, 그의 맥락에 대한 관심은 심각하게 퇴색되고 있다는 점을 지적할 수 있다. 문화이론을 지향하는 보편성이라는 정향이 맥락이라는 문제의식의 자리를 허용할 수 없게 된 것 같으며, 트로브리안드에서 야로를 하던 말리노브스키는 인류학을 하기 이전의 자연과학도로서의 말리노브스키로 돌아가 버린 느낌이 강하다.

5. 결어: 말리노브스키의 인류학^{人類學}＝맥락^{脈絡}＋기능^{機能}

말리노브스키의 인류학을 구성하는 두 축은 그의 토속지와 문화이론이다. 그는 야연과 원주민의 관점으로 삶을 읽어내기 위해서 맥락론을 선도하였고, 문화적 실재를 구명하기 위한 분석틀로서 기능론을 입론하였다. 말리노브스키의 인류학에 대한 평가는 일반적으로 다음과 같이 지적된다. 말리노브스키에 있어서 "인류학적 사실의 설명이라는 것은 통합적인 문화체계 내에서 부분들의 역할뿐만 아니라 그 부분들이 체계 내의 다른 것들과 연관되어 있는 양태에 관한 것"(Richards 1957: 18)이라는 정도다. 문화체계 내의 부분들의 역할이라는 것은 기능을 말하는 것이며, 연관되어 있는 양태라는 것은 간접적으로 맥락을 지적하는 것이다. 맥락에 관한 분명한 지적뿐만이 아니라, 역할과 양태의 관계에 대해서도 명확한 지적이 없는 것이 말리노브스키의 인류학을 평가하는 일반적인 인식이라고 생각된다. 나는 이 문제에 관한 토론으로서 본고의 결론을 대신하고자 한다.

   말리노브스키 인류학의 특징을 한 마디로 표현한다면, 초기에는 맥락에 관한 언급을 주로 하다가 후기로 오면서 기능이라는 문제를 심각하게 생각하는 변화를 보인다는 것이다. 초기에 맥락을 앞세울 때에 말리노브스키의 목적은 토속지를 만드는 작업^{doing} ^{Ethnography}에 있었던 것 같고, 후기에 기능을 내세우는 것은 토속지적 현상에 대한 분석에 역점을 두려는 의도였다고 생각된다. 따라서 말리노브스키에 있어서 맥락과 기능의 문제는 상호 배치되는 것이 아니라 순차적인 입장의 변화로 보아야할 것 같다. 서술의 전략으로는 맥락을 택했고, 분석의 전략으로는 기능을 택했던 것이다. 변수들간의 상관성을 강조하는 기능적 접근은 인과적인 설명방법이고, 인과적 설명을 가능하게 하는 구성요인들인 변수들은 이미 맥락적으로 심도 있게 도출되어 있었다. 따라서 후기 말리노브스키의 기능적 방법이라는 것은 초기 말리노브스키의 맥락적 접근이 없었다면 불가능한 작업이었거나 아니면 조악할 수밖에 없었을 것이다. 맥락론은 기능론을 가능하게 한 전초적인 작업이었다는 분석이 가능하며, 말리노브스키 인류학의 정수를 구성하는 방법론적 개념은 맥락과 기능이고, 맥락 없는 기능은 불가능하다는 결론이 가능하다. 기능적 접근과 방법이라는 입장이 후일 그의 유고집인 *A Scientific Theory of Culture and Other Essays*(1944)에서 명확하게 피력되고 있음을 읽을 수 있다.

후기의 작업에 대해서 아쉬운 점이 있다면, "흔히 '돈', '화폐', 또는 '상징적 부' 등으로 불리는 다양한 물질적 대상물들은 교환과 생산 그리고 소비의 맥락적 체계 내에서 탐구되어야 할 것이다. 그리고 동일한 방식이 주술부문에도 적용되어야 하는데, 그것의 맥락으로부터 유리되어서는 안 되며 그것의 기능과 연관되어야 한다"(Malinowski 1944: 157)는 스스로의 다짐에도 불구하고, 이론화

의 진행에 따라서 초기의 맥락적 관심이 퇴색하는 경향을 보이는
것이다. 인류학자들이 토속지적 작업을 하는 한 맥락이라는 문제
는 항상 가장 중요한 개념으로 남아 있어야 한다는 점(Geertz 1973:
21)이 후일 클리퍼드 기어츠에 의해서 재발견되는 것을 명심할 필
요가 있다.[5]

"원주민들이 자신들의 행위나 관습에 관해서 제기하는 진술과
그러한 행위와 관습에 대한 인류학자의 관찰 사이에는 심각한 간
극이 존재하게 마련이다. 원주민의 진술은 도덕성의 이상적ideal인
측면을 보여주고, 인류학자의 관찰은 실제의real 행동이 이상에 얼
마나 가까이 일치되는가 하는 점을 보여준다. 결과적으로 인간 행
동의 한 측면만을 보여주는 단순한 언어적 진술에 의한 매끄러움
과 획일성은 문화적 실재文化的 實在, cultural reality에 대한 보다 더 정
확한 지식 속으로 사라지게 마련인 것이다"(Malinowski 1929: 505-
506). 진술된 것과 관찰된 것 사이에 마련된 긴장감이 문화적 실재
를 추구하는 과정에서 발현될 수 밖에 없고, 그 과정을 밟아야 하
는 것이 토속지학자의 임무인 것은 이미 여러 인류학자들에 의해
서 잘 논의된 바다.

그러나 말리노브스키가 언급한 문화적 실재라는 것이 '진술된
것'과 '관찰된 것' 사이의 타협인가 하는 점에는 의문이 제기되기

---

5 클리퍼드 기어츠가 토속지적 작업에 있어서 맥락에 관한 중요성을 지적하면서 말리노브스키의 선
   행 작업에 대한 평가가 구체적으로 지적되고 있지 않은 점에 주목하고자 한다.

도 한다. 왜냐하면 '진술'의 주체와 '관찰'의 주체 그리고 '진술'과 '관찰'이라는 행위에 내재된 상호주관적인 차원이 무시될 수 없기 때문에, 흔히 미국의 인류학자들(통합론자들)에 의해서 언급되는 '이상형'과 '실제형' 등의 구분으로 문화적 실재를 규명하려는 의도는 포기되어야 할 것이라는 생각을 하게 된다. 따라서 말리노브스키가 위에서 한 진술은 야연에 임한 인류학자가 견지해야 할 방법론상의 문제에 관련된 것으로 이해되어야 하며, 그것이 문화적 실재의 설명에까지 연장될 수 있다고 생각하는 것은 오해일 것이다.

그가 추구하는 문화적 실재라는 것은 원주민의 진술과 인류학자의 관찰 사이의 밀고 당김에 의해서 나타나는 것이 아니라 인류학자들에 의해서 관찰된 원주민들의 실천practice(이 단어의 의미 속에는 진술과 행위 및 지향성 등이 다 포함된 것으로 이해해야 할 것이다)과 관련된다는 견해가 타당할 것 같다. "원주민들은 그들의 자연스러운 열정이나 취향에 순종하기도 하고, 그들의 실천은 규칙rule과 충동impulse 사이의 타협compromise이기도 한 것은 사실로 받아들여져야 한다. 이 타협이라는 것은 모든 인간성에서 공통적으로 나타나는 것으로 이해되며"(Malinowski 1929: 570-571), 그 타협의 결과가 실천이자 곧 문화적 실재인 것이다. 동시에 문화적 실재라는 것은 일관된 논리적 도식이 아니라 오히려 갈등관계에 있는 원리들의 소용돌이치는 혼합물a seething mixture of conflicting principles과 같은 것이다(Malinowski 1926b: 121). 이 진술은 말리노브스키 인류학의 정수라고 생각된다. 그의 문화론과 문화론이 추구하는 인간에 대한 이해의 목적 등이 담긴 진술이다.

근친상간 금기와 같은 규칙과 성적 충동 사이의 타협에 의해서 나타난 산물이 트로브리안드 사람들의 성적 실천이라고 이해하면 될 것 같다. 사회통제적인 규칙과 심리생물학적 충동 사이의 밀고 당김에서 만들어진 인간의 실천은 원주민의 진술 속에서도 인류학자의 관찰 속에서도 등장할 수 있는 문화적 실재다. 말리노브스키는 규칙과 충동 사이의 긴장감이 도는 밀고 당김의 과정을 설명하는 방식을 기능이라는 개념으로 이해하려고 노력했다. 어떤 종류의 심리생물학적인 충동이 어떤 종류의 사회통제적인 규칙과 인과적인 관계에 놓여 있는가 하는 점을 밝히는 설명방식을 기능주의라고 이름할 수 있는 것이다. 전형적인 인과적 기능주의의 표본이 말리노브스키에 의해서 제안된 것이라고 볼 수 있으며, 트로브리안드의 성적인 문제에 대한 관심으로 쓰여진 1929년의 저술에서 그의 심리생물학적 기능론의 입장이 확고하게 자리를 잡은 것이라고 말할 수 있다.

2장

방법론적 혁명으로서의 토속지^{土俗誌}와
유배지^{流配地}의 천우신조

—트로브리안드 토속지에 대하여

2장

방법론적 혁명으로서의 토속지土俗誌와
유배지流配地의 천우신조

—트로브리안드 토속지에 대하여

1. "국가와 민족으로부터 사람을 구하라"

"민족民族, nation으로부터 역사를 구하라"(Duara 1995)는 주장은 현대 중국이라는 문제의식의 틀에만 겨냥한 고함이 아니다. 민족이라는 이름의 이데올로기에 의해서 포로가 된 역사의 현실에 대한 이해를 촉구하는 일반화된 입장으로 이해할 수 있다. 삶을 바라보는 사학자의 인식틀은 지금 이 세상을 살아가는 사람들이 공유해서 곱씹어보아야 할 과제라고 생각한다. 유럽에 의해 주도되었던 근대화近代化 이후, 식민지에서는 근대화의 이데올로기를 만나면서 일정한 지역이 국가로 탈바꿈되었고, 사람들이 모인 집단이 근대화의 이데올로기에 물들면서 민족으로 변신하였다. 근대화의 이데올로기는 국가와 민족을 생성시키기 위해서 사람을 희생양으로 삼았다는 것이 나의 입장이다. 지금은 탈이데올로기를 지향하는 시대다. 그것을 진정으로 추구하는 것이 이데올로기의 포로가 된 사람을 구하는 첫걸음이라고 생각한다. 국가주의와 민족주의의 두 이데올로기에 의해서 포로로 변질된 사람들과 인본주의를 국가와 민족이란 이념형의 감옥으로부터 탈출시켜야 한다. 그래서 나는 "국가와 민족으로부터 사람을 구하라"라는 인류학적 표제를 내걸고 싶다.

우리는 국가와 이념의 포로가 된 삶을 살아온 역사를 근대화라고 이름하고 있다. 근대화 이후 우리는 사람에 대해서 생각하는 입장을 저버리고, 국가라는 괴물과 민족이라는 상상을 칭송하는 이데올로기의 포로가 되어서 살아왔다. 그 과정에서 발발한 근대식 대규모의 전쟁으로 인하여 우리는 사람과 사람이 적대하는 대량 살상의 인간관계를 만들어왔고, 현재도 이러한 과정은 도처에서 끊임없이 진행되고 있다.

사람은 자연自然의 일부이다. '사람 대對 자연'이라는 구도는 식민주의의 발로라고 생각된다. 자연을 자원으로 생각하는 식민주의적 사고방식을 정당화하는 인식구도가 '사람 대 자연'인 것이다. '자연으로 돌아가라'라는 루소의 선언은 자연으로부터 튀어나와서 자연을 식민화해온 인간사에 대한 경고라고 재해석하고 싶다. 자연의 일부인 사람이 자연으로부터 이탈하여 자신의 모체인 자연을 착취해온 역사가 진행하는 한, 우리는 잘못된 삶의 판도 위에서 살아가게 마련이다. 일단은 자연으로 복귀하여 자연의 일부가 되어 있는 사람의 모습에 대해서 생각할 기회가 필요하다. 왜냐하면, 자연은 이것저것 구분 않고 무한하게 연결된 모습을 실천으로 보여주고 있기 때문이다. 따라서 생태계生態系라는 것이 자연으로 돌아가는 실천 모델이 되는 셈이다.

인류학자 말리노브스키의 트로브리안드 토속지『항해자』는 자연 속에서 살아가는 사람들의 모습을 그리려고 노력한 결과물이다. 자연 속에서 살아가는 사람들의 모습을 한마디로 축약한 단어가 쿨라이며, 이 세상에 로빈슨 크루소는 존재할 수 없다는 점을 현실적인 삶을 통해서 보여주려고 한 결과다. 쿨라가 행해지는 해역海域에는 여러 개의 섬들이 서로 연결해서 수 년에 한 번씩 상대방을 상호방문한다. 상호방문의 과정에는 의례적 선물이 앞장서지만, 그 이면에는 일상적인 물건들과 혼인 체계를 통한 사람들의 교환도 이루어진다. 혼자서 살아가는 사람이 없음을 쿨라 관행은 보여주고 있다. 혼자서 모든 것을 갖추어서 살아가는 삶은 없다는 것이다. 내가 모자란 것을 네가 보충해주고, 네가 필요할 것이 있을 때, 나의 것이 너에게 도움이 되고…… 이것이 선물이란 것의 본질적인 의미다. 삶이란 것을 진행 가능하게 하는 것이 선물인 셈이다. 선물을 받은 나는 선물을 준 당신의 존재에 대해서 생각하게 되고, 당신의 혼사를 위해서 나는 그에 걸맞는 선물을 준비한다. 그 선물을 받은 당신은 나의 부모님 초상 때 다시 나에게 선물을 보낸다. 이것이 사람이 살아가는 기본적인 구도이고, 선물을 교환하고 선물교환에 기초한 심성을 기반으로 공동체가 만들어지고, 그래서 한번 만들어진 공동체는 자생적으로 지속될 수 있다. 사회주의자 마르셀 모스Marcel Mauss가 저술한 『증여론贈與論』(*Essai sur le don*, 1925)이란 저작물의 이론적 모델이다.

  우리가 고고학考古學을 공부하는 이유는 과거에 사람들이 살았던 모습을 이해하고, 그러한 이해를 기반으로 하여 형성된 과거의 삶이란 거울을 앞으로의 삶을 위한 귀감으로 삼고자 함이다. 수천 년 전부터 동아시아에는 쿠로시오黑潮 해류를 통한 선물교환 체계를 형성하고 있었다. 그러한 선물교환 체계의 삶은 쿠로시오라는 자연을 타고 이루어진 것이다. 아마미오오시마의 코미나토에서 제작된 야광패夜光貝로 만든 숟가락이 한반도의 고분에서 출토되었고, 거문도巨文島와 오키노시마 사람들이 울릉도鬱陵島에 가서 벌목을 하고 어선을 제작하였다. 제주도濟州島의 잠녀潛女들이 대마도對馬島와 울릉도를 거쳐서 사할린에 이르는 곳까지 어로활동을 하였고, 요나구니와 이리오모테 섬 사람들이 대만과 다오위다오(센카쿠 열도)로 항해를 하였을 뿐만 아니라, 오키나와의 이토만 어민들은 동남아시아와 인도양을 가로질러 마다가스카르 해안까지 항해를 하였다.

　북서태평양 캐나다 서부 연안에서 발견되는 토템폴totem pole은 알라스카의 남안南岸과 알류샨 열도를 거쳐 쿠릴 열도를 경유하여 북해도에 이르는 하나의 문화권을 보여주기에 충분하다. 그 문화의 내용은 곰과 연어를 배경으로 한 사람들의 삶이 공통적으로 신화와 전설, 그리고 토템의 모습으로 등장한다. 뉴질랜드의 마오리 사람들은 12세기경에 태평양의 섬으로부터 이주하였다는 신화를 갖고 있다. 화산과 지각변동, 그리고 쓰나미로 인하여 고향을 탈출했던 사람들이 도착한 곳이 뉴질랜드라고 한다. 차마고도茶馬古道에서 이루어져온 교역은 사람들이 어떻게 서로의 모자라는 부분을 메꾸어주고 도와서 살아가는가 하는 점을 잘 보여준다. 티벳사람들은 차茶가 필요하고, 윈난雲南사람들은 소금이 필요하다. 소금을 실은 말들이 운남을 방문하면, 운남에서는 그 말에 차를 실어서 티벳으로 보낸다. 곳곳에서 교역에 의한 물물교환과 혼인에 의한 인간교환을 통해서 서로의 삶에 부족한 부분을 메꾸면서 살아온 역사를 보여주려는 작업이 인류학자들에 의해서 포착되어왔다. '여자의 교환'이 없으면 사람이 살아갈 수 없다는 점을 구조적 모델로 설명하는 레비스트로스Lévi-Strauss의 견해가 수긍이 가는 부분이다.

　언젠가는 닥칠지 모르는 위기상황에 대처하기 위해서라도 이웃과의 끊임없는 교류가 필요하다. 일상적인 상황에서 끊임없는 교류로 맺어진 인간관계가 위기상황에 처한 사람들을 구할 수 있다. 위기관리를 위해서라도 우리는 사람과 사람이 손을 잡은 끈을 놓지 말아야 한다. 위기가 감지될수록 손을 맞잡은 끈을 더욱더 공고하게 만드는 평소의 작업이 필요하다. 사람과 사람이 손을 잡고 살아가면서 만든 관계를 회복하는 것이 근미래近未來에 닥칠 위기대응 방식이라고 생각한다. 다가오는 위기는 국가도 민족도 책임지지 못하는 내용을 담고 있다. 기후변화의 조짐 앞에서 이데올로기는 무용지물일 뿐이라는 점을 우리는 잘 알고 있다. 인간관계의 회복으로 위기를 극복할 수 있을 것이라는 믿음을 실천하는 작업이 필요하다. 베를린 장벽은 사람들의 손에 들린 망치로 붕괴되었고, 망치를 손에 들었던 손들이 서로를 맞잡음으로써 독일이 통일대로統一大路를 형성하였던 최근의 뜨거운 역사를 우리는 알고 있다.

사람과 사람이 서로의 따뜻한 손을 맞잡도록 하는 구체적인 작업의 실천이 쿨라라는 의례를 배경으로 진행되고 있는 현장을 목격한 말리노브스키를 이해할 필요가 있다. 지금의 시점이 아니라 20세기 초, 1910년대 제1차 세계대전의 와중이라는 시점에 남태평양의 조그만 섬에서 "유배생활을 한" 말리노브스키의 입장을 이해할 필요가 있다는 말이다.

이 세상 대부분의 사람이 하루하루의 끼니를 찾고 자식을 먹일 생각을 하면서 살아가고 있을 때, 유럽의 일부 사람들은 "자본"이라는 이름의 영원히 배가 고픈 괴물을 앞세워 노략질을 시작하였다. 그래서 만들어진 것이 제국이란 것이고, 그것을 지향하고 유지하기 위하여 동원되었던 지식인들은 궁극적으로 노략질을 정당화하는 이데올로기를 생산하는 역할을 하였다. 그것이 진보progress라는 궤변으로 치장된 사회진화론이었음을 역사가 증언하고 있다. 진보한 것은 문명civilization이고, 진보하지 않은 것은 야만savage이라는 이분법을 두둔하는 사회진화론의 정교화는 제국주의와 식민주의로 발전되었음도 역사의 교훈이다. "문명"의 입장에서는 그것이 제국을 위한 행동으로서의 전쟁이고 지배였지만, "야만"의 입장에서는 그것이 생활과 생존의 모든 것이었다. 무엇이 진보라는 정확한 개념적 설명도 없이 진보에 집착한 사람들이 고안한 자본주의는 지금도 게걸스럽게 먹이를 집어삼키기에 혈안이 되어 있다.

노략질에 앞장을 섰던 유럽 사람들의 입장을 두둔하기 위해서 고안된 진보라는 개념은 사실상 허구이다. 무엇이 진보인가? 물과 산 대신에 기독교를 믿고, 삶은 토란 대신에 구운 빵을 먹는 것이 진보인가? 나귀를 타고 천천히 가는 것 대신에 자동차를 타고 빨리 가는 것이 진보인가? 지금 인류는 송두리째 삼백 년 진보 역사의 역풍을 맞고 있다. 기후변화라는 환경상의 역풍을 경험하기 시작하였다. 이것은 시작일 뿐이다. 그 다음은 어떤 과정이 전개될 것인지 아무도 예측할 수가 없다. 진보사관으로는 본질적으로 감당할 수 없는 문제이기 때문이다. 그 역풍의 원인제공자들에게만 불벼락이 떨어지도록 하는 것이 아니라 정치경제적 역풍의 일차적 피해자였던 사람들이 먼저 당하도록 자본이라는 괴물이 조종하고 있다. 저질렀던 사람들은 오염되지 않은 혹성惑星을 찾기 위해서 무한정의 자금을 쏟아붓기에 혈안이 되어 있고, 그 성과를 칭송하는 작업에 원천적 피해자들도 함께 동참하기를 미디어라는 이름의 또 다른 괴물이 세뇌시키고 있다.

　인간관계의 회복을 위한 첫 단계는 국가와 민족이라는 통제체제로부터 사람을 구해내는 것이다. 그래서 사람을 자연으로 돌려주어야 한다. 사람으로 하여금 자연의 일부로서 살아가는 삶의 방식을 회복하는 것이 지구에 닥치는 재앙의 위기에 대한 유일한 대안이라고 생각한다. 혹성탈출 모델은 위기로부터의 탈출을 위한 대안일 수 없다. 그것은 가진 자들만을 위한 프로그램일 뿐이며, 인종주의의 21세기식 판본일 뿐이다. 지구를 위기로 몰아간 책임이 막중한 가진 자들이 혹성탈출 모델을 그리고 있지만, 가진 자들의 가지기 위한 노력의 역사적 과정에서 희생물이 된 없는 자들을 위한 대안은 아니다. 혹성탈출로 사라진 가진 자들이 떠난 빈자리에 없는 자들이 모여서 지구재앙의 위기에 대비하는 모델을 생각해야 한다. 혹성탈출 프로그램에 박수를 보내는 어리석음은 지구재앙을 구하는 모델이 될 수 없다. 그것은 희생물이 된 지구를 또다시 희생시키는 어리석음의 반복이자 지구에 대한 배신행위일 뿐이다.

2. 브로니슬라브 말리노브스키: 방법론적 혁명아

『항해자』를 위한 제임스 프레이저^{James Frazer}의 서문은 1922년 3월 7일 런던에서 작성되었고, 책은 같은 해 7월에 출판되었다. 말리노브스키가 엘시에게 증정한 『항해자』의 원본을 보면 "1922년 7월 22일"(Wayne 1995a: 26)이라는 날짜가 기록되어 있다. 말리노브스키 자신의 서언이 1921년 4월 테네리페^{Tenerife}(대서양의 스페인령 카나리제도 중 주섬)에서 작성된 점과 비교하면, 약 1년의 시간차가 난다. 즉 말리노브스키가 1921년 4월 완성된 원고를 출판사에 건넨 후, 약 1년이란 기간이 편집 측의 검토작업에 소요되었던 것 같다. 그 과정에서 책의 제목이 결정되었을 것이다. 말리노브스키는 『항해자』로 일약 인류학계의 유명인사가 되었다. 1924년에 약 1년간 영국에서 유학하던 일본인 아키바 다카시秋葉隆는 당시 명성이 자자하였던 말리노브스키를 먼발치에서 한 번 본 적이 있었는데, 직접 만난 적도 없는 말리노브스키의 저작물을 자신의 제자들에게 적극적으로 소개하였다. 그러한 과정에 소문이 와전되면서, "아키바는 말리노브스키의 제자"로 알려지는 웃지 못할 해프닝도 있었다. "말리노브스키로부터 직접 배운 적이 있다"는 허위의 소문 한 가지만으로도 주변의 시선을 끌 수 있을 정도로 1930년대 일본의 인류학계는 말리노브스키에 대해서 주목하고 있었고, "남방" 침략에 혈안이었던 1940년대 일본의 번역서에서는 "남방토속학南方土俗學의 권위자 말리노브스키Malinowski"(鈴木 治 1943. 3. 15: 9)라는 소개가 있다.[1]

　"『항해자』의 첫 장은 사회인류학의 혁명을 선언하는 방법론적 매니페스토였다"(Stocking 1991: 50). 혜성같이 나타난 약관의 말리노브스키는 영국의 사회인류학계에 지각변동을 일으키기에 충분하였다.『항해자』의 초판이 발간된 1922년은 말리노브스키 인류학 혁명의 출발점이라고 볼 수 있다. 말리노브스키의 방법론적 혁명은 볼셰비키의 노농혁명과도 맞먹는 질풍노도였다. 말리노브스

1　레이먼드 퍼쓰Raymond Firth의 저서 *The Art and Life of New Guinea*(1936)을 "ニューギニアの藝術"라고 번역한 서적에서 저자인 퍼쓰가 LSE에 근무하는 것을 "런던대학에서 경제학을 강의"(鈴木 治, 1943. 3. 15: 1)하는 것으로 소개할 정도로 정보가 어두웠던 일본학계의 상황을 고려할 때, 말리노브스키에 대해서는 비교적 정통하게 알려졌음을 지적할 수 있다.

사진14 말리노브스키의 야기엘로니아대학 강의요목INDEX LECTIONUM. 내지에 사진이 첨부되어 있다. 1902년 10월 6일이란 날짜가 보인다.

키 이전에는 아무도 생각해보지 않았던 방법론이었기 때문이다. 볼셰비키 혁명이 유물론을 지향함으로써 새로운 인간상을 제시하였다고 말한다면, 인간의 문제가 밑바닥까지 드러났던 처절한 일차대전이 끝나는 시점에 인간을 바라보는 새로운 관점을 제시했다는 점에서, 말리노브스키의 혁명은 유심론의 정곡을 파헤친 최대의 사건이었다고 평가할 수 있다. 이제 말리노브스키라는 유심론적 혁명가의 일생을 살펴보기로 한다.

말리노브스키는 1884년 폴란드의 크라쿠프Kraków에서 태어났다. 슬라브 언어학자인 부친은 폴란드의 토속지와 민속학民俗學, folklore에 관한 작업도 하였다. 그는 크라쿠프의 야겔로니안Jagellonian 대학에서 박사학위를 받은 후(1908), 라이프치히에서 칼 뷔허 Karl Bücher와 빌헬름 분트Wilhelm Wundt 아래서 공부했다. 건강이 악화되어 병원에 누워 있는 동안 프레이저의 대저『금지金枝, The Golden Bough』를 읽을 기회가 있었던 것이 계기가 되어, 1910년 LSE로 유학을 가서 민족학 대학원 과정을 이수하기 시작하였으며, 웨스터마크Westermarck와 홉하우스Hobhouse, 그리고 셀리그만[2]으로부터 민

---

[2] 찰스 셀리그만Charles Gabriel Seligman(1873. 12. 24~1940. 9. 19): 런던 태생 영국계 유태인으로 성토마스병원St. Thomas Hospital에서 의학을 전공하고 후일 민족학자가 되었다. 1898년 캠브리지 토레스해협Cambridge Torres Strait 탐험대에 참가하였고, 1904년 뉴기니 탐험, 1906~1908년에는 세일론, 1909~1912년과 1921~1922년에는 수단 탐험. 1913~1934 런던대학의 민족학 교수를 지냈다. 주저서로는 The Melanesians of British New Guinea(1910), The Veddas(1911), Races of Africa(1930), The Pagan Tribes of Nilotic Sudan(1932) 등이 있다. 셀리그만과 말리노브스키의 관계에 대해선 "서언"에 상술되어 있다.

족학과 인류학에 관한 수업을 받게 되었다. 말리노브스키는 리버스[W. H. R. Rivers]의 영향도 받았으며, 그의 첫 영어논문은 경제인류학에 관한 것으로(1912), 핀란드 출신인 웨스터마크 교수의 50회 생일 기념 논문집에 실렸다. 그가 대학원 공부를 할 당시에는 사회인류학이 흔히 경험사회학[empirical sociology]이란 명칭으로 불리기도 했으며, 뒤르껭과 제발트 슈타인메츠[Sebald Rudolf Steinmetz], 그리고 웨스터마크가 이 분야의 창시자들로 간주되기도 했다. 그는 1916년에 LSE에서 박사학위를 받았는데, 그에게 박사학위가 주어진 공적서에는 그가 1913년에 발표한 「오스트레일리아 원주민의 가족」이라는 논문과 1915년에 발표한 「마일루의 원주민」이라는 보고서라고 적혀 있다.

말리노브스키는 1914년에 셀리그만의 도움으로 뉴기니 해안의 마일루[Mailu]를 방문하는데, 그때 운명적인 일차대전이 발발하였다. 마일루에서는 사비유[W. J. Saville] 목사[3] 댁에 기거하였고, 거기서 몇 주 동안은 원주민 경찰관을 동행하여 마을로 순방을 다녔다(Stocking 1991: 38). "그것은 끊임없이 강조되어온 '조사자[investigator]'의 사회적 우월성에 다름 아니었다"(Stocking 1991: 43). 그의 일기에 표현되어 있듯이(Malinowski 1967: 235), "말리노브스키 자신도 사

---

3 사비유 목사 부부는 런던 선교회 소속으로 마일루에서 선교지부를 운영하였으며, 사비유 목사는 1926년에 스스로 마일루에 관한 토속지를 출판한 바 있다(Specht & Fields, 1984: 40). 사비유 목사는 1912년에 마일루 언어에 관한 논문을 출판한 적이 있고, 1926년에 *In Unknown New Guinea*(London: Seeley, Service & Co.)의 제목으로 마일루에 관한 책을 출판했다.

사진15 마일루의 여성과 전신 문신. 말리노브스키가 뉴기니 답사 때에 찍은 사진들 중에서 아주 초기에 속한다.

실상 순간적으로나마 자신이 연구하고 있는 동네에 대하여 일종의 주인 노릇 또는 소유의 느낌을 가졌던 것은 사실이다"(Stocking 1991: 45).

셀리그만의 자금지원이 중단되자 그는 1915년 2월에 오스트레일리아로 갔다. 그해 5월에 뉴기니로 돌아가서 도부Dobu의 로셸Ros-sel 섬으로 출발하였다가, 1915년 6월 트로브리안드 섬에 도중하차하여 며칠 후 트로브리안드 섬이 속해 있는 군도의 주섬이자 대추장의 거주지인 오마라카나Omarakana에 정주하게 되었다(Malinow-ski 1935: 9; 13).

당시 그는 "1914년 6월 영국과학발전협회British Association of the Advancement of Science 회의에 참가하는 마렛Marett 선생의 비서로 (오스트레일리아에) 나갔다가, 일차대전이 발발하자 적국 외인enemy alien 자격을 얻고, 알프레드 해든[4]의 추천으로 파푸아에 정착하게 되었

---

4 알프레드 해든Alfred Cort Haddon(1855. 5. 24~1940. 4. 20): 동물학자로서 특히 해양생물에 관한 연구가 깊은 사람이다. 그는 산호초의 해양동물학 연구를 위하여 토레스 해협에 대한 탐험을 시작하게 되었고, 그 과정에서 인류학에 관심을 갖게 되었다. 1898년 4월 탐험대가 토레스 해협과 보르네오에서 일 년도록 작업을 한 결과, 그곳의 주민들에 관한 토속지적 자료들을 적지 않게 수집하였다. 그것이 기초가 되어서 캠브리지 대학의 고고학 및 인류학 박물관이 성립되었다. 그는 다년간에 걸쳐서 Reports of the Cambridge Anthropological Expedition to Torres Straits (vol. 1 Physical Anthropology; vol. 2 Physiology and Psychology; vol 3 Linguistics; vol. 4 Technology; vol. 5 Sociology, Magic and Religion of the Western Islanders; vol. 6 Sociology, Magic and Religion of the Eastern Islanders)라는 대작을 출판하였고, 이러한 배경을 바탕으로 1900년에 캠브리지 대학의 민족학 강사로 임명되었다. 1902년과 1905년 사이에 그는 대영제국 아카데미의 인류학 부문 대표로도 일을 하였다. 주저서로는 Evolution in Art(1895), The Study of Man(1898), Head-Hunters, Black, White and Brown(1901), The Races of Man(1909) 등이 있다.

다"(Young 1988: 5). 말리노브스키는 영국의 적대국인 오스트리아 형가리제국의 신민이었으나, 영국 관료들의 선처로 2년간 트로브리안드에 정주할 수 있었다. 1918년에 그는 오스트레일리아의 멜버른으로 옮겨 살다가 35세가 되는 1919년 3월 6일 엘시Elsie Masson와 결혼하였다. 일차대전이 끝나면서, 유럽으로 돌아온 그는 폐결핵이 재발하여 일 년간 테네리페에 머물렀다. 1921년 그는 LSE의 사회학과에서 비상근강사Occasional Lecturer로 강의를 시작하였으며, 트로브리안드 연구를 기반으로 하여, 1923년 LSE에 영구직인 사회인류학 강사직Readership in Social Anthropology(이 타이틀은 그 자신이 제안한 것이며, 이미 타일러가 옥스포드에서, 프레이저가 리버풀에서 가졌던 것과 동일한 직함이다.)을 획득하였으며, 1927년에 정교수가 되었다.

남티롤Südtyrol의 오버보첸Oberbozen에 있는 그의 여름용 별장에서 행해진 세미나에서는 쟁쟁한 제자들이 배출되었다. 에반스프리차드Evans-Pritchard, 래이먼드 퍼쓰Raymond Firth, 마이어 포티스Meyer Fortes, 아이안 호빈Ian Hogbin, 필리스 케이버리Phyllis Kaberry, 힐다 쿠퍼Hilda Kuper, 호틴스 파우더메이커Hortense Powdermaker, 오드리 리처즈Audrey Richards, 아이삭 샤퍼라Isaac Schapera 등이 그들이며, 이들은 이후 영국 사회인류학을 이끌어가는 중추적인 역할을 담당하였다.

그는 1926년 버클리대학에서의 강연을 위해서 처음으로 미국을 방문하였으며, 이때 남서부의 푸에블로에도 잠깐 들렀다. 1933년 코넬대학의 메신저 강연Messenger Lectures을 위해 미국을 재방문하였고, 1936년에는 런던 대학의 대표자격으로 하바드대학 설립 삼백 주년 기념식에 참석하여 명예박사학위를 받았다. 1935년에 부인과 사별하면서 그의 건강이 악화되었다. 1938년에는 안식년을 맞아 미국의 아리조나 투손^{Tucson}에 가서 요양을 했고, 이후 이차대전이 발발하면서 미국에 정착하게 되었다. 1940년에는 예일대학의 방문 교수가 되었고, 여기서 화가인 발레타 스완$^{Valetta\ Swann}$과 재혼하였으며, 여름방학 동안에는 멕시코 와하까의 자포텍에서 농민시장 체계에 관한 연구를 실시하였다(Cook 2017a & 2017b). 1942년 초 예일대학의 교수로 임용될 계약을 마친 상태에서 5월에 공개강연을 준비하던 도중 58세로 사망하였다. 인간욕구로부터 충동된 제도들의 통합 체계를 문화로 정의한 그의 문화이론과 프로이트의 오이디푸스 콤플렉스에 대한 도전 및 경제인류학적 관심의 전개, 그리고 그의 섹스론[注]은 인류학 이론사의 획을 긋는 작업들이었다.

마일루에서의 말리노브스키(1914)와 트로브리안드에서의 말리노브스키(1915)는 방법론이라는 측면에서 완전히 다른 입장의 연구자라는 점에 주목하고 싶다. 트로브리안드에서의 말리노브스키는 적국 신민으로서 정치적으로 유배지에 배소되었던 것이라는 점을 인식할 필요가 있고, 그러한 정치적 입장이 반영된 트로브리안드의 말리노브스키라는 점이 방법론적 혁명의 갈림길이었다고 생각된다. 단 일 년 사이에 진행된 획기적 변화에 대해 설명하지 않으면 안 되는 우리의 입장에서는 그 일 년 사이의 방법론적 변화에 주목하지 않을 수 없다.

　말리노브스키의 트로브리안드 토속지가 주목을 받은 것은 세계대전이라는 초유의 대량살상을 경험한 유럽에서 나타난 인간에 대한 인식의 변화를 반영하는 것이라고 해석할 수 있다. 추상적이며 기계적이고 이념적인 인간에 대한 조망이 아니라 구체적인 삶의 모습을 통한 인간의 감정과 정서에 대한 이해를 선호하는 분위기와도 맥을 함께 하는 것이라고 생각한다. 여태껏 어느 누구도 시도해보지 않았던 방법으로 인간의 과학을 표현하는 말리노브스키의 인류학이 각광받는 것은 한걸음 더 나아가 광범위한 지역에서 장기간 진행되어온 식민지 지배와 자본주의적 착취에 의해 피폐된 인간상 너머에 존재하는 망가지지 않은 공동체적 삶의 모습에 대한 동경의 표현이라고 이해해야 할 것이다. 환언하면, 방법론적 혁명의 시발은 1915년 트로브리안드에서 전환점을 맞았다고 약술할 수 있다.

3. 쿨라와 『항해자』 이후

"필드워크의 원점原點"(原尻英樹 2006.2.28: 26)으로 칭송되는 말리노브스키의 『항해자』가 독자들에게 제공해주는 내용의 중심은 쿨라이다. 쿨라는 남태평양 도서문화의 핵심적인 키워드이다. 토속지로서의 의미를 넘어선 입장에서 지금 말리노브스키를 읽는 이유에 대해 피력할 필요성을 느낀다.

2000년대 후반 70년 만에 다시 찾아온 전 지구적인 금융공황으로 인한 경제적 어려움의 현실을 바라보면서, 시장실패로 인한 무대책 상황이 문제라기보다는 자본주의 또는 후기자본주의 사회의 미래에 대한 불안과 공포가 확산된 것이 오늘날 경험하고 있는 어려움의 저변에 깔린 문제의 본질이라고 생각한다. 팽창은 언젠가는 역풍을 수반한다. 그것이 순리인 모양이다. 팽창하였던 자본주의의 역풍은 이제 유럽이라는 당사자를 겨냥하고 있다. 자본주의 시스템에서 해결하지 못하는 문제를 바라보고만 있을 것인가? 답은 문제 속에 있다. 문제는 인간의 삶으로부터 비롯된 것이다. 따라서 답은 인간의 삶 속에 있다는 확신에서 여러 형태의 삶을 들여다보고, 대안을 모색하는 노력이 필요하다.

최대화에 의문을 거는 이론가(Graeber 2001)가 추구하는 것은 사실상 최적화 논리다. 시장실패가 경제행위로부터 비롯된 것인가? 소위 경제 외적인 부문으로부터 비롯된 것은 아닌가? 경제행위로부터 비롯되었다면, 그것은 생산과 분배 그리고 소비의 과정으로 풀어야 하는 것이 아닌가? 도덕적 해이와 뇌물 등의 사회적 관계와 심리적 현상으로부터 연장된 문제에서 축적된 것이 시장복구와 회복의 기능을 무산시킨 것이 아닌가? 따라서 통합적 전체로 볼 수밖에 없는 것이 삶의 실체라고 말할 수 있다.

　　태평양 섬 사람들의 선물경제로부터 시장경제의 보완방법을 발견할 수 있다는 신념을 강화하자는 주장이 말리노브스키를 읽는 목적이다. 국가 간에 진행되고 있는 달러 스와핑이 그러한 아이디어의 일부가 아닌가? 비상시에 사람이 살아남아야 하는 최후의 보루로서 선물의 개념이 작동하고 있다. 물론 그것이 변질되어 뇌물이 되기도 하지만, 그 핵심은 교환경제이다. 이것은 칼 폴라니^{Karl} ^{Polanyi}가 설명한 것과 같은 차원의 문제일 것으로 생각된다. 용어는 어떻게 만들어져도 좋다. 그 사례의 하나로서 우리는 트로브리안드 섬 사람들의 삶을 들여다보는 노력에 의미를 부여할 수 있다. 당좌 부도로 인한 파산 때문에 감옥으로 가 막다른 골목에 선 청년은 부친의 퇴직금으로 살아나는 실정이다. 산골 농촌의 상례는 운상계와 상포계로 운영되면서 삶은 이어질 수 있다. 파트너십은 평생 유지되기도 하고 대를 물려서 전승되기도 한다. 트로브리안드에서 의례적 음식 분배는 사갈리^{sagali}라는 이름으로 작동하고 있다.

　　모든 사람은 파트너십에 기초해서 살고 있는데, 파트너들 사이에 이루어지는 의례적 교환형태의 하나로 말리노브스키에 의해 포착된 것이 바로 쿨라다. "파트너가 안전성의 가장 확실한 담보다"(Malinowski 1922: 92). 물물교환에 해당되는 용어는 김왈리$^{gim-}$^{wali}이며, 바가$^{vaga, opening gift}$ ─ 요틸레$^{yotile, return gift}$ ─ 쿠두$^{kudu, clinch-}$$^{ing gift}$의 순서로 연속적으로 이어지는 김왈리의 행위가 호혜환^{互惠}$^{環, prestation cycle}$(마르셀 모스의 용어)이며, 상응하는 것이 없는 경우에

는 중간선물인 바시basi, intermediary gift를 함으로써 호혜환을 유지하도록 한다. 그리고 쿨라의 시스템 내에서는 "지위가 높으면 높을수록 그들의 책임은 커지게 마련이다. (…) 노블레스 오블리주nobless oblige는 실질적으로 그들의 행위를 통제하는 사회적 규범이다"(Malinowski 1922: 97). 북서태평양 연안에서 보고된 바 있는 포틀래치에서 이루어지고 있는 관행과 동일한 원리가 작동하고 있는 것이다. 따라서 "가치란 힘을 굴려내는 동력vehicle of power이 된다. 그것은 유용성utility이나 희소성rarity이 아니라 정서sentiment이자 감정emotion"(Malinowski 1922: 172)과 관련된 것이다.

홍정하는 물물교환이 아니라 상대를 고려하는 가치의 경제학이라는 말이다. 홍정이 종결되고 거래완료의 신호로 물건이 손님에게 건네지고 값이 치러진 다음에 '덤'으로 넘어가는 약간의 부분에서도 느낄 수 있는 문제이다. 그것이 가치다. 그 가치가 동력이 되어서 덤을 받고 돌아가는 사람의 마음이 흐뭇해지고, 거래를 위해서 다시 찾아오게 되고, 궁극적으로 단골관계가 형성된다. 가치는 궁극적으로 인간관계를 겨냥하고 있어야 하는 것이며, 실제로 그렇게 되는 것이 일상생활의 모습이다. 그것이 그렇게 되지 않는 곳에서 문제가 발생하고, 인간관계를 배경으로 또는 목적으로 하지 않는 가치가 팽배하면서 수리數理를 수단으로 하는 경제학만이 살아남게 된다.

인간의 얼굴을 가진 경제학에 대해서 언급하는 경우를 종종 듣고 있지만, 지금 진행되고 있는 경제학이 선호하는 인간의 얼굴은 가치의 마음이 없는 페르소나persona일 뿐이다. 위선의 경제학이 가치의 경제학으로 전환하기 위해 무엇을 어떻게 해야 하는지를 말리노브스키의 저작물은 충분히 암시하고 있다. 인간관계는 진정한 의미의 가치 위에서 발휘된다는 점과 진정한 의미의 가치가 인간관계를 가능하게 한다는 두 가지의 순환론적 인과관계를 교육하는 것이 말리노브스키의 저작물이다.

　1850년대 노동운동이 극에 달하면서 사회주의는 탄탄히 자리 잡았고, 노동조합은 사회적 역할뿐 아니라 산업적 충격도 배양하였다. 20세기 초에 오스트레일리아를 방문하였던 말리노브스키는 이 세상에서 오스트레일리아만큼 사회주의적인 지역은 볼 수 없었다고 술회하곤 하였다(Young 2004: 452). 오스트레일리아라는 사회가 그렇게 된 이유가 있을 것이다. 영국이 부를 축적하는 과정의 그늘 속에서 착취가 강행되었던 식민지였기 때문이다. 자본의 냉혹함과 잔인함이 요구하는 잔학 노동의 결과로 안착한 오스트레일리아의 사회주의적 분위기를 관찰할 기회가 있었던 말리노브스키임을 알 수 있다. 자본주의의 적나라한 착취가 진행되었던 식민지인 오스트레일리아의 격화된 노동운동 현장과, 감정과 정서의 가치를 존중하는 쿨라가 진행되는 트로브리안드 사이의 일천 킬로미터를 왕복하면서, 그는 자본주의가 아닌 다른 방식의 삶을 그리고 싶었던 것이다.

나는 그것을 공생주의共生主義, commensalism라고 부르고 싶다. 쿨라가 진행되는 사회에도 대추장paramount chief이라는 계급이 있고, 그에 의한 지배의 현상은 엄연히 존재한다. 그러나 공생주의의 지배에서는 착취 현상이 일어나지 않는다. 지배가 곧 착취인 식민주의적 자본주의 속에서 인간을 구할 방법은 없다고 생각한 것이 말리노브스키라는 사회과학자다. 쿨라로 대표되는 공생주의의 치료법이 자본주의로 무너져버린 인간관계를 회복시킬 수 있다는 신념을 갖게 해주는 것이 그의 저술이다. 자본주의의 다음은 후기자본주의가 아니라 자본주의와 공산주의의 정正−반反 대립구도의 합合으로서 공생주의를 지향해야 한다는 것이 말리노브스키식 인류학도의 신념이다. 인류학은 궁극적으로 인간을 위해서 존재한다는 점을 실천한 것이 트로브리안드의 토속지다. 그래서 인류학이란 학문은 인간관계 회복의 수단으로 자리를 잡아야 한다는 점을 언명할 수 있다.

말리노브스키는 1914년과 1920년 사이 6년간 트로브리안드에서 토속지적 연구를 수행하였다(Malinowski 1922: xix)고 진술하고 있다. 한편 현지에서 직접 쿨라를 관찰한 구체적인 기간은 "① 1914년 8월~1915년 3월, ② 1915년 5월~1916년 5월, ③ 1917년 10월~1918년 10월"(Malinowski 1922: 16)로 기록하고 있다. 즉 그가 1914년 8월부터 1918년 10월까지 쿨라를 관찰하기 위해 현지에 체류한 기간은 총 34개월임을 알 수 있으며, 그 기간은 거의 대부분

사진16 오마라카나에 있는 추장의 거소(Tóuluwás LISIGA, 오른쪽)와 추장의 거소로부터 북서쪽에 떨어진 말리노브스키의 텐트(왼쪽). 주민들이 앉자 있는 공간은 바쿠 baku라고 부르는 마을 중심의 광장이다(Wayne 1995a: 151). 인류학자의 주거공간에 대해서도 생각해볼 필요가 있다.

사진17 쿨라를 위해 준비한 배를 타고 출항하는 모습.

사진18 방문하는 손님들을 맞이하기 위해 음식을 준비하는 데 많은 양의 물고기가 필요하다. 물고기를 잡기 위한 그물을 마련하고 있다.

사진19 얌과 생선을 중심으로 잔치음식, 특히 모나MONA(타로푸딩)라고 부르는 의례 음식(Wayne 1995a: 79)을 만들기 위해서는 커다란 질그릇 솥도 많이 필요하다.

사진20 손님들을 환영하는 춤을 추는 모습. 바쿠에서 남자들만이 참가하는 군무.

사진21 팔찌를 장식한 남성들(위).

사진22 쿨라의 의례적 교환을 위하여 단골에게 전달할 선물들을 운반하고 있다. 우윳 빛 조개로 만든 팔찌는 음왈리mwali이고, 붉은색의 스폰딜러스 조개를 주재료로 만든 목걸이는 소울라바soulava이다. 팔찌의 재료는 거거패硨磲貝, tridarna gigas로서 남태평양의 산호초 바다에 서식하며, 큰 것은 길이 1.5미터 폭 50센티미터 무게 300킬로그램에 달한다. 일본어로는 샤코가이しゃこがい라 한다. 붉은색 목걸이의 주재료는 이매패二枚貝, bivalve molluses의 일종으로 영어로는 "Pacific thorny oyster"라 하며(굴과는 다르다), 중국 사람들은 해국합海菊蛤 또는 홍라紅螺라고 부른다.

이 제1차 세계대전(1914년 7월 28일~1918년 11월 11일) 기간과 겹친다는 점을 지적할 수 있다.

쿨라로 연결되는 역내의 분업은 역사가 되어 있다. 암플렛^{Am-}phletts은 그릇을 만드는 곳, 도부^{Dobu}는 농사를 짓고 코코넛이 주 생산물인 곳, 트로브리안드는 주된 산업지구로, 서로 다른 방식의 생활을 하면서 서로의 다른 기능을 보완적으로 합침으로써 전체가 하나로 엮어져 살아가는 모습을 보인다. 페레스트로이카 이전의 소비에트에서 실시하였던 지역특화의 콤비나트와 상당히 유사한 양상이다. 다만 소비에트에서는 크렘린이라는 중앙통제소가 관제탑이 되어서 조정과 균형을 유지하였지만, 트로브리안드에서는 오랜 시간 적응된 인간관계의 파트너십으로 이루어지고 있는 것이다. 중앙통제소가 해체되는 순간 소비에트는 해체되었던 역사적 경험을 생각한다면, 인간관계의 파트너십으로 이루어지는 교환관계의 안정성에 대해 관심을 갖게 된다.

도부 사람들이 시나케타 사람들을 방문하는 항해에 대한 정밀한 기록을 보면, 항해 자체보다도 항해를 위한 준비기간이 훨씬 더 길다. 항해 준비 기간의 삶이 쿨라와 긴밀하게 연결되어 있음을 알 수 있다. 도부 사람들은 1917년 10월부터 1918년 2월 사이, 즉 4개월간 항해를 위한 카누를 건조하고 항해 준비를 시작하였다. 3월 25일 출항하여 3월 31일 암플렛 섬에 도착하였으며, 여기서부터는 암플렛 군도 사람들이 합류하여 시나케타를 방문하는 항해를 시작하였다. 도부와 암플렛 사람들이 함께 4월 6일 말리노브스키가 체류하고 있었던 시나케타에 도착하였다. 상견례를 포함한 의례를 완료하고, 그들은 4월 10일 시나케타를 떠남으로써 한 순배의 쿨라가 완료되었다. 즉 항해 기간은 약 한 달이 되지 않았음을 알 수 있고, 카누를 제작하고 항해를 준비하는 기간이 훨씬 더 오래 걸린 것이다.

파트너를 만나기 위한 준비가 필요한 과정 그 자체가 트로브리안드 사람들의 삶이고, 쿨라를 중심으로 한 전체 시스템이 이곳의 문화인 셈이다. 쿨라의 시스템 속에서 중요한 것은 이익이 아니라 소통과 순환이다. 자신이 갖고 있고, 상대가 갖고 있지 않은 것들을 적절한 교섭을 통해서 나누는 것이다. 나누기 위해서는 만나야 하고, 만남은 의례를 수반한다. 의례에는 선물이 포함되고, 선물을 통한 교환은 궁극적으로 공동체를 구성하는 기능을 하게 마련이다.

북서태평양 연안의 포틀래치와 남태평양 도서의 쿨라를 자료로 해서 교환이론의 기초적인 모델을 제시하였던 마르셀 모스는 사회주의 운동에 헌신하였던 사회운동가였다. 다른 한편으로 보면, 자본주의의 맹점을 파악하였던 그는 사회주의 사상을 실천적으로 전파한 이론가다. 그래서 그는 프랑스 협동조합운동에도 적극적으로 참여하였다. 볼셰비키 혁명에 동조하였던 그도 결국 사회주의에 대해서는 희망을 걸지 못하였다. 그러한 사상적 역정을 직접 경험하였던 마르셀 모스가 자본주의에서 사회주의 그리고 사회주의로부터 이탈된 변증법적 과정을 거쳐 제시한 사상서思想書가 바로 『증여론』이란 이름으로 등장한 인류학 이론서라고 생각한다. 변증법을 구성하는 정반합正反合의 합合에 해당되는 마르셀 모스의 제안에 대해서 나는 공생주의라는 이름을 적용한다. 쿨라는 인간이 발견한 공생주의의 원점이고, 말리노브스키는 토속지라는 형식으로 공생주의의 원점을 우리에게 제공하고 있는 셈이다.[5]

5　어느 날 나는 트로브리안드의 쿨라와 크로포트킨을 연결하게 되었다. 크로포트킨Pytor Alekseyevich Kropotkin(1842~1921)의 『상호부조론Mutual Aid: A Factor of Evolution』(1902)을 토속지로 실천했던 인류학자가 말리노브스키라는 생각을 하게 되었다. 물론 크로포트킨의 저작에도 자신이 답사하였던 시베리아의 부족들이 등장한다. 지리학자로서 크로포트킨은 다윈의 진화론이 근간으로 하고 있는 적자생존과 약육강식의 논리를 완벽하게 부정한다. 그는 차르 시대 러시아의 지주계급 태생이었지만, 봉건제와 자본주의를 거부하였다. 그러나 그는 자신을 공산주의자라고 정의하지 않았으며, 자신을 마르크스와는 엄밀하게 구분하였다. 크로포트킨의 사상을 신봉하였던 또 한 사람의 인류학자를 꼽으라고 한다면 바로 마르셀 모스다. 그는 스스로 협동조합을 통한 실천운동을 하면서 사회주의 운동을 하였고, 『상호부조론』을 인류학적인 저술들 속에서 재평가하고 지지하는 저서를 지어 『증여론』이라는 제목으로 출판하였다. 모스는 크로포트킨을 자신의 저서에서 인용하기도 하였다. 모스가 야연을 한 번도 하지 못했던 것은 사회주의의 실천운동에 가담하느라고 시간을 낼 수 없었기 때문이었을 것이다. 모스가 해내지 못한 것을 말리노브스키가 남태평양에서 실천으로 보인 것이 그의 트로브리안드 토속지 『항해자들』인 셈이다.

　　이 정도의 이해를 기반으로 최근에 간행된 크로포트킨에 관한 서적을 뒤지다가 인류학자의 최근 작업이 눈에 들어왔다. 브라이언 모리스Brian Morris라는 영국 인류학자인데, 그는 종교인류학으로 중후한 업적을 쌓은 학자로 명망이 있다. 그의 종교인류학적인 저서들이 교과서로 회자되었던 적이 있었다. 그가 최근에 크로포트킨을 집중적으로 조명하는 서적을 두 종 발행하였다. 하나는 Anthropology, Ecology, and Anarchism(2015)이고 다른 하나는 Kropotkin: The Politics of Community(2018)이다. 후자는 정말로 인쇄용 잉크가 아직 제대로 마르지 않은 따끈따끈한 책이다. 결론적으로 말하자면, 나는 이 두 책 모두에 실망했다. 그야말로 "인류학적 실천"이 무엇인지를 외면한 책들이었다. 학생 시절 아나키스트로 유명하였던 래드클리프브라운은 입이 닳도록 언급하면서 말리노브스키는 외면하였다. 모리스의 책 제목에 등장한 "anthropology"는 실천적 토속지와는 아주 거리가 먼 것이었기에 그는 말리노브스키를 철저하게 외면하였던 모양이다. 모리스의 인류학은 형이상학적인 철학의 아류이자 아나키스트 철학의 대변자로 자리를 잡고 있다. 그의 크로포트킨 평전은 성공하였는지는 몰라도 인류학과 말리노브스키는 외면한 인류학을 제시하고 있었다. 크로포트킨을 인류학적으로 이해하고 실천한 사람이 말리노브스키이고, 그것을 증명하기

『항해자』를 비롯한 말리노브스키의 저작물과 업적에 대한 부정적인 비판이 없는 것도 아니다. 말리노브스키를 기능주의자의 원조라고 평가하고, 기능주의가 안고 있는 약점을 들어서 말리노브스키를 비판하는 목소리가 있다. 나는 '말리노브스키=기능주의자'라는 도식에 동의하지 않는다. 기능론을 포함한 보다 더 큰 이론적 틀이나 안목으로 접근하지 않으면, 말리노브스키는 한 마리의 코끼리로 다가올 것이고, 우리는 그 코끼리를 앞에 두고, 다리를 만졌다가, 귀를 만졌다가, 코를 만져보고 제각기 자신이 옳다고 왈가왈부하는 장님이 되고 말 것이다.

기능주의적 입장을 잘 반영한 토속지란, 모든 요소가 아주 잘 맞추어진 모자이크와 같은 모습으로 그려지는 것을 말한다. 조금이라도 트러블이 있는 것들은 의도적으로 모두 배제한 완벽한 낭만주의적인 한 폭의 그림처럼 연출되는 작품을 말한다. 그렇게 짜 맞춘다는 것도 쉬운 작업이 아니다. 말리노브스키를 기능주의의 대표자라고 소개하는 경우가 흔하다. 아래의 문장은 말리노브스키를 잘못 소개한 글의 일부분이다. "기능주의機能主義는 그러한 제도를 인간의 생물학적이고도 파생적 욕구를 충족시키기 위해서 사

위해서 만들어낸 것이 『항해자』임을 강조하고자 한다. 18~19세기 유럽이 주도하였던 제국주의와 자본주의에 시달린 세상을 "상호부조론"으로 구하고자 하였던 크로포트킨의 웅변이 공론이 아니고, 실천 가능한 인간 사회의 모습임을 보여주고자 새로운 토속지론을 제시하였던 사람이 말리노브스키라는 점을 이해해야 한다. 그러한 의미에서 크로포트킨과 말리노브스키는 한통속으로 읽어야 할 것이라고 생각한다.

람들의 행위가 조직화된 것이라는 관점으로부터 해석된다. 그러한 것에 대해서 보편적인 의미부여를 하는 것이다. 이상이 말리노브스키가 제창한 문화의 과학적 이론으로서 기능주의 인류학이라고 생각하는 것이다"(富永健— 1993. 10. 10: 326). 말리노브스키에 대한 기계적이고 이념형적인 이해의 한 사례로서 인용해본 것이지만, 이 설명 속에 맥락이란 아이디어가 자리잡을 수 없는 결점을 지적할 수 있다.

　말리노브스키의 학문인생은 전반기와 후반기로 나뉘어야 한다는 것이 나의 주장이다. 그의 작품들을 전체적으로 섭렵한 뒤에 내린 나의 결론이다. 따라서 그의 전반기는 맥락론으로, 후반기는 기능론으로 구분해서 이해하는 안목이 필요하다고 생각한다. 『항해자』는 맥락론의 극치로 이해될 수 있다. 왜냐하면, 낭만적인 원시인의 그림에 가려진 자본 침투의 흔적이 곳곳에서 삐져나오고 있기 때문이다. 그 그림은 기능주의만으로는 그려질 수 없는 그림이다.

　말리노브스키에 대한 또 다른, 그러나 좀 큰 목소리로 구성된 비판의 하나가 역사성의 결여라는 주장이다. 나는 이러한 비판에 대해서 중요한 문제제기라는 점에는 동감하면서도 비판의 내용에 대해서는 유보적인 입장을 취하고 있다. '토속지를 재발명하려고 시도하였던 말리노브스키'라는 문제의식으로 소급해서 이 문제를 고려할 필요가 있다고 생각한다. 1767년 요한 프리드리히 쇠펄린Johann Friedrich Schöpperlin(1732~1772)에 의해서 제안되었던 토속지

Ethnographie라는 용어와 개념(Stagl 1998)은 출발점에서 역사라는 문제가 안고 있는 한계점을 생각하며, 현재 삶을 살아가고 있는 주민들의 삶에 대한 리얼리티에 문제의식을 표현하면서 등장한 것이다. 말리노브스키가 갖고 있는 관심의 원점이 쇠펄린이 안고 있었던 역사성 속의 리얼리티 문제라는 점에 착목하면, 말리노브스키의 토속지는 이미 역사라는 문제가 심각하게 각인되어 있다고 생각하는 것이 나의 입장이다.

시드니 민츠의 비판은 식민성에 내재된 역사의 문제에 대해서 의도적으로 눈을 감은 말리노브스키를 겨냥하고 있다(Mintz 1985). 나는 민츠의 비판이 균형을 잃은 것이라고 생각한다. 비판 이전에 왜 그러한 서술을 시도하였는지에 대한 이해의 시도가 선행되어야 한다. 자신의 삶 자체가 고립된 외지로 쫓겨나서 살지 않으면 안 되는 대전大戰의 상황이 전개되고 있는 유럽의 삶에 대한 회의가 있었을 것이고, 그러한 회의로부터 인간상의 재발견 시도를 전제로 한 것이 말리노브스키의 작업이었다고 생각한다. 원주민의 관점이라고 강조한 것 자체가 서양인들에 의해 "더럽혀진" 역사적 과정을 내포하고 있다. 그러한 과정을 전제하지 않은 원주민들의 삶의 모습은 원주민의 관점이라는 범주에 속하지 않는 것이라고 규정하려는 말리노브스키의 의도를 외면하게 된다. 관점과 지식의 교류를 비판이라고 한다면, 시드니 민츠의 비판은 비판이 아니라 말리노브스키의 작업을 구성하는 전체의 역사성에 대한 외면이다.

가시적인 숫자로 드러나는 "타임"을 제시하지 않았다고 해서, 또는 시간차를 두고 변동의 문제를 제시하지 않았다고 해서 역사성이 결여되었다고 비판하는 입장은 시간의 물상화에 매몰된 결과라고 생각한다. 말리노브스키가 트로브리안드의 오부라쿠Obur-aku 마을에서 엘시에게 보낸 편지(1917년 12월 23일자)에서 "역사에 대한 나의 이론"을 다음과 같이 피력하고 있다. "역사적으로 고려한다는 것의 진짜 중요한 문제는 지금 중요하게 여겨짐과 동시에 그러한 것들이 하나의 유기적 전체organic whole를 구성하고 있는 무수한 것들로부터 선택해내는 일입니다. 다시 말하면, 선택이라는 것은 많은 덩어리로부터 뽑아냄을 의미하지 않고 눈으로는 보이지 않는 어떤 것을 찾아내고 만들어냄을 의미합니다"(Wayne 1995a: 75). 예일대학에서 장기간 근무하였던 민츠 정도의 대가가 자기가 보고 싶은 것만 골라보려고 한 결과의 소산이라고 말할 수 있다. 그렇게 하는 비판은 비판의 정곡이라고 말할 수 없다는 것이 나의 입장이다. 말리노브스키는 시간의 물상화라는 문제를 분명하게 인식하고 있음을 알 수 있다. 역사에 대한 말리노브스키의 문제의식은 알프레드 크로버Alfred Kroeber의 문화 개념의 배경이 된 역사 인식과 거의 동일한 것이라고 말할 수 있다.

"말리노브스키는 쿨라에 사용되는 바기bagi(조개목걸이)가 트로브리안드의 시나케타에서가 아니라 수디스트Sudest와 로셀Rossel 지

역으로부터 온 것이라고 진술하였다. 그 진술은 유럽인들과의 접
촉 이후 상황이고, 접촉 이전에는 바기가 시나케타로부터 온 것임
에 틀림없다. 말리노브스키의 진술은 식민지 시대의 영향을 반영
한 것이다. (…) 말리노브스키는 (정부개입의) 화평 정책 이후에 증가
된 쿨라 참여에 대해서는 언급하지 않았다. (…) 그는 쿨라를 생각
하면서 이론적으로 역사를 염두에 두지 않았다"(Berde 1983: 436)
고 비판받는 경우가 있었다. 역사란 기본적으로 시간의 문제이다.
그렇다면, 말리노브스키가 과연 시간이라는 문제에 대해서 전혀
관심을 갖지 않았는가? 노스탤지어는 역사를 거부한다. 사실을 왜
곡한다. 그럼에도 불구하고 말리노브스키는 식민지적 지배와 착취
의 흔적이 보이는 부분들을 의도적으로 진술하지 않았음을 알 수
있다. 말리노브스키가 역사를 거부하였는지 아닌지에 대해서는
후일 전개되는 그의 저작들을 통하여 점검해볼 필요가 있다. 만약
그가 역사를 거부하였다면 그만한 이유가 있었을 것이라고 생각되
며, 그 이유에 대해서 생각해볼 임무가 독자에게 주어져 있다. 이
문제에 관한 나의 결론은 다음과 같다. 시간의 문제가 개입될 수밖
에 없는 변화에 대한 말리노브스키의 입장이 초점이다. 그는 변화
에 대한 선주민의 보수주의에 대해서 명백하게 언급했다. 구체적
으로 시간과 역사에 대해서 언급하지 않았다고 해서 역사성이 결
여된 관점이라는 비판은 비판의 초점을 왜곡한 것이다. 변화와 문
화변동에 대한 말리노브스키의 입장을 헤아릴 필요가 있다.

왜냐하면 그는 방법론으로서의 토속지를 실천하는 목적을 분명히 하고 스스로 백인들로부터의 철저한 격리를 이상적으로 여기며, 자본주의에 의해 파괴되지 않은 인간상의 그림을 그리려고 노력하였기 때문이었다. 역사상의 지배와 착취의 과정 및 흔적에 대한 것은 그 다음에 진행될 수 있다는 자신감이 그에게는 있었다고 생각된다. 그가 후일 응용인류학에 관한 최적의 방법들을 정부 및 식민관료들에게 제안했다는 점을 상기할 필요가 있다(Malinowski 1929).

말리노브스키의 문장에서 명백하게 발견되고 있는 몰역사성^{de-historization}은 20세기 초 당시의 진화론과 전파론에 대한 강력한 거부감으로부터 비롯되었다는 이해가 바람직하다. 자연과학으로 훈련되었던 말리노브스키의 눈으로 보면 진화론적 인류학과 전파론적 인류학이 거의 허구적 소설에 가까운 것으로 비추어졌을 가능성이 크다. 또한 "역사"라는 것에 대한 시대적 인식에 편차가 있다는 점도 고려하고 말리노브스키를 읽는 입장이 중요하다. 그렇게 받아들여야지, 그 자신이 "역사"라는 문제를 거부한 것이라고 봐서는 지나친 해석이 될 수 있다. 어느 사회에서나 삶이 어렵게 진행된다는 것은 경험적으로 터득된 것이고, 말리노브스키 자신도 그러한 삶의 과정에 있었다는 점은 전화戰禍 속의 적국 신민이라는 정치적 신분을 부여받은 스스로의 문제 속에서 터득되었을 것은 뻔한 이치다. 삶이라는 것은 그 자체가 어렵게 진행되는 것이고, 그

과정 속에서 살아가는 것이 문제라는 점을 그는 삶의 불가해성^{不可}
_{解性, imponderabilia}이라는 단어로 표현하였다. 따라서 그 문제에 대한
대안을 마련하는 것이 사람들의 노력의 결과이고, 그 과정이 적응
이고, 어떤 경우에는 그러한 적응의 결과가 제도라는 전통으로 남
게 되는 것이다. 전통은 근본적으로 역사성의 문제의식을 바탕에
깔고 있다는 점에 대한 선이해가 필요하다.

4. 기억하는 사람과 기록하는 사람: "관문참여법^{觀問參與法}"

말리노브스키가 그의 인생살이 중에서 기록이라는 것을 얼마나
중요시했는가 하는 점은 그의 일기장에서 드러난다. "1909년 2월
20일 자에서 그는 자신과 관련된 모든 것이 끊임없이 추적되도록
날마다 일기를 쓸 것이라고 자신을 향하여 맹세하였다. (…) 그리
고 그는 3월 12일부터 실천하였다"(Young 2004: 131). "자신과 관련
된 모든 것이 끊임없이 추적되도록 날마다 일기"를 쓴 연장선상에
서 그는 트로드리안드에서 작업을 하였다고 생각하는 것이 타당
하다. 따라서 트로브리안드에 거주하는 동안 트로브리안드 사람
들에 대한 험담을 담은 내용의 일기가 있는 것은 상상이 어렵지 않
다. 그는 후일 언젠가는 그의 일기가 누군가에 의해서 읽힐 수 있을
것도 예상했으리라고 생각된다. 그것이 말리노브스키의 일기가 출

판이라는 형식으로 세상에 알려지게 되는 이유일 것이다. 일기라는 형식을 빌린 꼼꼼한 기록의 실천이 말리노브스키에게서는 인류학적 방법론으로 연장되었다고 이해할 수 있다. 말리노브스키는 자신의 일기에 대해 "일어나고 있는 모든 사건을 기록하는 토속지적 일기Ethnographical Diary"이며, 그것은 아무리 세밀해도 지나침이 없고, 정상적인 것이 아니라 비정상적인 것들을 포함하는데, 이것이 가장 중요한 문제이다"(Wayne 1995a: 80, 밑줄은 원전)라고 적었다. 일기가 토속지적 작업에서 차지하는 비중에 대해서 명시적으로 표현한 셈이다. 서구인인 자신의 관점이 트로브리안드의 현상에 대해서 정상과 비정상을 판정할 수 없다는 점을 언명한 것이다. 원주민의 관점을 중요시하였던 말리노브스키의 입장이 드러나고 있다.

　말리노브스키 이전에 이 문제에 대해서 분명하게 언급하고 기록을 남긴 인류학자는 19세기 말과 20세기 초 사이에 대만총독부에서 작업하였던 일본인 정부 인류학자government anthropologist 이노 카노리伊能嘉矩(1867~1925)다.[6] 이노는 야로 중에 있는 사람은 "날마다 그가 본 것과 들은 것을 모두 기록해야만 한다"(伊能嘉矩 1894: 500)고 강조하였다. 이노 카노리가 강조한 것은 일기식의 야장野帳, field note을 말하는 것이다. 야로의 과정에서 일기의 중요성을 강조

6　초보이 쇼고로의 제자이며, 토리이 류조鳥居龍藏와 함께 초보이 연구실 동료였다(全京秀 2016 참조).

하였다는 점에서 이노와 말리노브스키는 동일한 입장이지만, 그 내용을 지적함에 있어서는 말리노브스키의 입장이 현대 인류학의 길을 열었다고 말할 수 있다. 이렇듯이 토속지를 준비하는 인류학자들은 기록이라는 방법에 초점을 맞추었음을 알 수 있다. 환언하면, 인류학이란 학문은 이노 카노리나 말리노브스키와 같은 꼼꼼한 기록자들을 만난 것이 방법론을 발전시킬 수 있었던 행운이었다고 말할 수 있다.

인류학자들이 질문이라는 수단을 통하여 관심을 갖는 기억은 개인적인 기억이 아니라 사회적 기억social memory이다. 그런데 사회화된 기억의 현상에 관심을 갖는 인류학자의 입장만을 생각하는 것이 아니라 이러한 현상을 기억하는 사람의 입장에서 본다면, 기록하는 대상으로서의 기억이라는 구도를 상정할 수 있다. 기록은 문자적인 행위이고, 기억은 문자적인 행위가 아니다. 20세기초의 면접이라는 상황에 처한 인류학자와 주민 사이의 관계를 다른 방식으로 표현해본다면, 무문자사회의 기억이 유문자사회의 기록으로 전환되는 상황을 면접의 결과라고 말할 수 있다. 그 작업을 하는 사람이 인류학자이고, 그러한 작업의 결과가 토속지라는 작품으로 남게 된다.

기록된 자료들을 연구하는 사람을 사학자라고 한다면, 기억된 자료들을 연구하는 사람들은 인류학자인 셈이다. 무문자사회와 유문자사회의 경계가 뚜렷하였던 과거에는 양자의 경계가 뚜렷하였지만, 지금은 그러한 물리적 경계가 무용지물이 되어버렸다. 그렇기 때문에, 현재 학계에서는 사학과 인류학의 관련성에 관한 연구 결과뿐 아니라 방법론상의 문제들에 대해 적지 않은 논의와 그 성과들을 제시하고 있다. 이 부분에 대해서는 아직도 많은 과제들이 남아 있다고 생각한다. 왜냐하면, 본질적으로 "말"과 "글"이라는 것은 시스템이 다르기 때문이다. 말을 기본으로 하는 사회와 글을 기본으로 하는 사회는 본질적으로 시스템이 다르다. 말과 글을 한꺼번에 묶어서 "언어"라고 표현하지만, 이미 "랑그^{langue}"와 "파롤^{parole}"에 대한 진전된 연구의 결과들에서 보여주는 것처럼, 양자는 본질적으로 다른 시스템이다. 조금 더 깊이 들어가보면 이미 언어학 분야에서 잘 지적되어 있는 것처럼, "시니피앙"과 "시니피에"의 구분에서 보이듯이 말이라는 현상의 심층적인 현상들의 문제는 이미 말리노브스키에 의해서 트로브리안드에서 감지된 것이었다.

　말을 하는 사람과 그 말을 듣고 글이라는 수단으로 기록을 하는 사람 사이의 간극이라는 문제의식을 발견한 말리노브스키는 그 간극을 극복하기 위한 수단으로 "주민관점$^{住民觀點, \text{native's point of view}}$"을 발명하였다. 연구자의 입장이 외부인이라면, 관찰을 하고 질문을 하는 대상으로서의 입장인 주민은 내부인이 되는 셈이다. 말리노브스키는 외부인과 내부인 사이의 간극이 극복될 수 없는 본질적인 입장과 관점의 차이라는 문제의식을 감지하였고, 방법론상으로 이 간극을 연결하는 관점으로서 외부인이 갖추어야 할 내부인의 관점이라는 방법을 제시한 것이다. 후일 말리노브스키의 방법론을 좀 더 깨끗하게 정리한 용어로 나타난 것이 1954년에 등장했던 내관內觀, emic과 외관外觀, etic의 세트인 셈이다(Pike 1967). 양자는 개념상 존재하는 추상적인 현상으로서 의미를 갖는 것이지, 구체적인 현상으로 달성 가능한 사회적 실재라고 말할 수 없다. 따라서 내관과 외관 사이의 간극이 현실적으로 극복 가능한 것은 아니다. 가능한 것은 양자 사이의 연결을 시도하는 과정일 뿐이라고 생각한다.

말리노브스키가 제시하였던 "주민관점"이라는 것은 외부인이 시도할 수밖에 없는 교량역할로서의 의미인 것이지, 그것이 달성 가능한 현실로서 존재하는 현상이 아니다. 그래서 에반스프리차드Evans-Pritchard는 "근접approximation"이라는 용어를 제안한 바 있다. 야로에 임한 연구자가 얼마나 주민관점(즉 내부자 관점[내관])에 근접할 수 있느냐의 문제라고 이해하였던 것이다. 그래서 말리노브스키는 "번역은 반역traduttore traditore"이라는 로만 야콥슨의 용어를 인용하면서 번역에서의 오류는 어쩔 수 없는 것이라는 고백을 하였다. 이 내관의 문제는 인류학자들이 방법론상으로 도전해야하는 영원한 과제인 셈이다.

말리노브스키가 트로브리안드에 거주하면서 기록하였던 노트들은 그가 관찰하였던 것들과 함께 그가 들었던 주민들의 기억에 의존한 것이었다. 말을 글로 전환시키는 작업을 하는 인류학자는

사진23 천막 안에서 집필 중인 말리노브스키(실루엣으로 보이는 인물)와 밖에서 그를 바라보는 트로브리안드 사람들. 우리는 "누가 누구를 관찰하는가?"라는 질문을 떠올릴 수밖에 없다.

서로 다른 시스템의 차이에 대해 문제의식을 갖지 않으면 안된다. 그 전환을 우리는 번역이라는 현상으로 이해할 수 있지만, 하나의 글로부터 또 다른 하나의 글로 전환하는 번역과는 다른 종류의 번역 현상이다. 말리노브스키는 트로브리안드의 말이라는 시스템을 영어의 글이라는 시스템으로 전환시키는 작업을 한 것이다. 그 과정의 복잡성을 직시하였던 말리노브스키는 맥락이라는 인식론적 현상에 대해서 깊이 있는 통찰력을 보여줌으로써 그의 작업을 성공적으로 마무리시킬 수 있었다고 생각한다. 문화적 맥락의 맥락context에 대해서 궁극적인 관심을 표명하고, 그것을 풀어보기 위하여 "쿨라"라는 현상을 발견하고, 관찰하고, 질문하고, 참여한 결과의 문서가 그의 트로브리안드 토속지다.

현장의 관찰과 기억을 겨냥한 질문이라는 행위로 참여하는 방법을 구사하는 사람이 인류학자이다. 모순과 애매모호함을 포함하는 "참여관찰participant observation"이란 미스터리일 뿐(이 단어는 마거릿 미드Margaret Mead가 만들었다는 전언이 있다.), 그 용어는 교정되어야 한다. 왜냐하면, 그 표현은 표현 자체로서 진실성을 상실하고 있기 때문이다. 그 단어는 "I-witness"(기어츠의 용어)의 알리바이를 강조하기 위하여 고안된 용어로서 부분적으로 허구의 성격을 담고 있다. 토속지를 작성하기 위하여 야연을 하는 인류학자의 작업 정황을 정확하게 표현하면, "관찰observation과 질문question에 의한 참여參與, participation"의 방법으로 교정되어야 한다. 나는 이것을 줄여

서 "관문참여법^{觀問參與法}"이라고 명명하고자 한다. 따라서 영어의
"participant observation"은 관문참여라고 번역해야 한다. "참여
관찰"이라는 미스터리한 번역용어를 방법이라고 추종하였던 또
다른 이유는 단어 그대로의 번역에만 매달려온 학문 수입측 학자
의 관성에도 기인하는 점이 있다. 수입된 학문을 받아들이기에 급
급한 나머지 수입된 것의 적실성에 대해서 깊이 있게 생각할 겨를
조차 가지지 못하는 제삼세계 학문의 수준을 극복하지 않으면, 사
실상 제삼세계의 학문이라는 현상의 의미는 그 자체가 식민성을
벗어나지 못하게 된다. 이른바 학문적 식민주의^{academic colonialism}에
매몰된 현상을 말하는 것이다.

　　인류학자들의 토속지들이 얼마나 많은 문제점을 내포하고 있을
지에 대해서는 유문자사회^{有文字社會}를 연구하는 인류학자들이 앞으
로 심각하게 생각해보아야 할 문제다. 대체로 무문자사회^{無文字社會}
를 연구해온 전통을 갖고 있는 서양의 인류학자들은 현지주민들
이 알 수 없는 '해괴망측한' 문자라는 것으로 현지주민들의 삶에
대해 왈가왈부하고 있다. 과연 말리노브스키의 트로브리안드에
대한 토속지 보고서들이 트로브리안드 사람들의 언어로 정리되
었다면, 얼마나 많은 오류를 지적받을까? 사후 출판된 그의 일기
가 트로브리안드 사람들의 언어로 녹음이 되어서 정리되고, 그 내
용을 트로브리안드 사람들이 듣게 된다면, 그들의 반응은 어떠할
까? 생각만 해도 끔찍해진다. 무문자사회를 대상으로 토속지를 작

성하는 인류학자들의 "토속지적 권위^{ethnographic authority}"(Stocking 1983: 45)라는 문제를 다시 한 번 생각해보지 않을 수 없다.

토속지적 권위를 지탱하는 기본적인 힘이 무문자사회에 대한 유문자적^{有文字的} 표현일 수 있다. 인류학자가 토속지를 작성하는 과정, 즉 문자적 표현을 현지주민들과 공유한다는 점에 있어서 말리노브스키는 상대적으로 자유로웠을 것이다. 그러나, '브라질의 한국이민'들을 상대로 정리해서 출판된 연구서(전경수 1988)가 현지주민인 한국이민들이 읽을 수밖에 없는 상황, 즉 인류학자와 현지주민 사이의 문자적 표현의 공유라는 상황은 유문자사회를 바탕으로 한 소위 "자문화"를 연구하는 인류학자가 감당해야 할 몫이다. 유문자사회에서는 반드시 '네이티브'가 자신과 관련된 토속지의 내용을 꼼꼼하게 읽게 마련이다. 『브라질의 한국이민』의 단 한 줄 내용에 문제를 삼은 오응서 선생이 나를 향하여 법적인 고발 시도를 할 정도의 상황을 경험한 적이 있다. 다행스럽게도 상파울로에 계신 고광순 선생의 설득으로 송사까지 전개되지는 않았다. 그러한 과정을 경험하면서, 나는 토속지적 권위가 아니라 토속지적 자성^{ethnographic reflexivity}이라는 문제를 생각하게 되었다.

자료를 수집하고, 정리하는 과정에서 인류학자는 끊임없는 자성의 과정이 반복되는 경험을 하게 마련이다. 그 자성의 과정이 마무리되는 최종의 단계가 바로 토속지적 자성이라고 생각된다. 무문자사회를 대상으로 하든 유문자사회를 대상으로 하든 상관없이,

토속지적 자성의 과정이 없는 토속지의 제작은 근본적으로 인류학자의 책임이라고 말하고 싶다. 과거의 무문자사회도 이제는 모두 유문자사회로 전환되었음을 생각해야 할 문제이기도 하다. 스톡킹이 제기하였던 토속지적 권위의 문제와 내가 언급하는 토속지적 자성의 문제는 항상 함께 하나의 세트로 고려되어야 하는 인류학자의 숙명이라고 생각한다. 자성 없는 권위는 사상누각일 뿐이며, 권위를 권위답게 유지하도록 하는 메커니즘이 자성이라고 한다.

5. 방법론으로서의 토속지

트로브리안드는 동경 151도와 남위 7도의 남태평양에 위치한 섬이다. 말리노브스키는 로빈슨 크루소가 아니었다. 수백 명의 주민들과 3년 가까이 그곳에서 함께 거주하면서, 인류학이란 학문에 정진하는 과정을 경험하였다. 그 과정에서 그는 토속지라는 것의 문제점에 대해서 깊은 성찰의 기회를 갖게 되었다. 그가 그러한 성찰의 기회를 갖게 된 것은 트로브리안드 주민들과 함께 한 삶을 배경으로 한다. 트로브리안드식 삶을 배경으로 한 말리노브스키의 토속지라는 개념에 대한 성찰은 궁극적으로 토속지의 재발명에 이르는 계기가 되었다. 조지 스톡킹은 그 과정을 "방법론적 혁명"이라고 부르기를 주저하지 않았다.

"실제 생활의 불가해성the imponderabilia of actual life"(Malinowski 1922: 18)은 말리노브스키의 인생철학이 농축된 용어다. 인생이란 원래 '도저히 풀어헤쳐볼 수 없는imponderable' 현상이라는 점을 전제하고, 그 문제에 도전하는 방법이 토속지라는 것이다. "단지 종교만을, 또는 기술만을, 또는 사회조직만을 연구하려는 에쓰노그래퍼 Ethnographer는 하나의 자의적인 분야를 (전체로부터) 잘라냄으로써 결과적으로 자신의 작업을 함에 있어서 스스로를 심각한 불구자로 만들게 된다는 점을 알아야 한다"(Malinowski 1922: 11)고 경고한다. 전체와 부분에 관한 베르너 하이젠베르크의 명제(전체는 부분의 합보다 크다)를 대하는 것과 유사한 논리이며, 말리노브스키가 전체 totality라고 하였던 문제의식은 토속지 작업의 기반이 되는 관점이다.

말리노브스키가 그토록 심각하게 토속지를 생각하고 궁극적으로 토속지라는 개념의 재발명reinventing ethnography에 이르게 되는 목적이 무엇이었을까? 말리노브스키가 연구에 열중하던 초창기에 명성이 높았던 두 소설가에 대한 대비로부터 우리는 말리노브스키의 인생관을 읽을 수 있다. 그는 "라이더 해거드Rider Haggard (1856~1925)가 되기보다는 조세프 콘라드Josef Conrad(1857~1924)가 되겠다"(Firth 1957: 6)고 말하였다는 증언이 있다. 양자는 19세기 말 영국의 대표적인 소설가들이었지만, 전자는 모험을 중심으로 하는 판타지 계열의 작품을 주로 발표하였고, 후자는 로맨티시즘을 추구하였지만 궁극적으로 리얼리즘 계열의 대표적인 작가였다.[7]

후자는 말리노브스키와 마찬가지로 원래 폴란드 출신으로서 '요
제프 콘라트Jozef Konrad'라는 폴란드식 이름을 갖고 있기도 하다. 소
설읽기에 있어서도 판타지보다는 리얼리즘을 선호하는 말리노브
스키의 입장은 오히려 당연한 것으로 받아들여질 수밖에 없다. 기
록이라는 문제에 있어서 섬세함과 치밀함의 극치를 추구하는 말리
노브스키의 입장을 고려하면, 퍼쓰의 말리노브스키에 대한 평가
는 조말粗末한 점이 없지 않다. 콘라드의 *The Secret Agent*를 읽은
말리노브스키의 독후감은 놀랍게도 "저급할 뿐만 아니라 혐오스
럽기까지 하다"(Wayne 1995a: 110)였다. 사실의 세밀함을 추구하는
실증적 경험주의자에게는 리얼리즘 계열의 소설이 성에 차지 않았
다고 생각된다.

나는 그의 인생관과 학문이 일치되는 점이 있다고 생각한다. 모
두가 사회진화론과 문화전파론에 몰두하고 있을 때, 그는 새로운
인류학을 모색하고 있었다는 가설이 가능하다. 구체적인 삶을 통
한 방법론상의 혁명을 일으키는 새로운 인류학을 시도하였던 것이
며, 그 방법론은 "에쓰노그래피ethnography"의 재발명이었다고 생각
된다. "에쓰노그래피"의 영어 첫 글자인 "E"를 대문자로 강조하는
수단까지 동원하면서 토속지를 재발명하려고 하였던 목적에 대해

---

7 말리노브스키를 읽음에 있어서 콘라드의 입장에 착목한 인류학자는 현재까지 세 사람이 발견되
었다. 레이먼드 퍼쓰(Firth, 1957: 6), 조지 스톡킹(Stocking, 1983: 104), 그리고 서로아(徐魯亞,
2005, 2: 428)이다.

논의할 필요가 있다. 그 자신이 세계대전으로 인하여 자신과 함께 사회적 관계를 유지하였던 사람들로부터 격리된 유배 생활을 할 수밖에 없는 상황에서, 그는 서태평양 사람들 사이의 끈끈한 교류에 가장 심대한 감화를 받았다고 생각한다. 그 끈끈한 교류의 상황을 쿨라라는 이름으로 진행하고 있는 사람들의 모습을 그림으로써 자신이 상실한 부분에 대해 보상받으려는 차원에서 트로브리안드 토속지를 작성한 것이라고 이해할 수 있다. 자신이 상실한 부분에 가장 깊은 애착을 갖는 것이 사람이라는 점을 상정한다면, 우리는 말리노브스키라는 개인의 입장에서 그가 전개하였던 토속지의 출현배경을 설명하는 것이 가능할 것이다.

"나는 에쓰노그래피Ethnography라는 단어는 인간과학the science of Man에 대한 경험적이고 서술적인 결과를 말하는 것으로, 에쓰놀로지Ethnology라는 단어는 추론적이고 비교적인 이론으로서 사용하고 있다"(Malinowski 1922: 9 각주). 토속지의 재발명reinvention을 선언하는 진술이다. 에쓰노그래피라는 단어가 뇌르틀링엔공학교公學校, Lyceum zu Nördlingen 교장인 요한 프리드리히 쇠펄린에 의해 1767년 제안된 이후, 그것은 '에쓰노ethno'에 대한 서술, 즉 민중들의 삶에 대한 기록이라는 의미로 사용되어왔다. '에쓰노'는 독일어의 '폴크Volk'와 전혀 동일한 의미로 채택되었음을 알 수 있다.[8]

그것을 구체적으로 어떻게 하는 것이라는 방법에 대해서는 어느 누구도 언급한 바가 없었기 때문에, 탐험가든 여행가든 장사하

는 사람이든 선교사이든 자신들이 돌아다니는 과정에서 보고들
은 것들을 상세하게 기록하면 그것이 곧 에쓰노그래피가 되는 것
으로 생각하던 시기가 있었다. 말리노브스키에게 인류학을 가르
친 셀리그만이나 해든, 그리고 프레이저 등도 에쓰노그래피에 대
해 이렇다 할만한 구체적인 진술을 한 적이 없다. 말리노브스키는
이 점에 착목하였다. 에쓰노그래피는 사람들의 삶의 모습을 그냥
기록하면 되는 것이 아니라 인류학이란 학문의 방법론으로서 제
대로 자리를 잡아야 한다는 의지의 표현을 하고 있는 것이다. 그리
고 에쓰노그래피와 에쓰놀로지가 혼용되고 있었던 20세기 초의
학계 분위기에 대해서도 분명한 입장을 밝히고 있다. 에쓰놀로지
는 비교방법에 적용하는 것이라는 점을 분명하게 함으로써 에드워
드 타일러 이래 비교방법을 중심으로 전개해온 인류학의 입장을
가다듬는 제안을 한 것이다. 따라서 일차적으로는 에쓰노그래피
가 선행되어야 하고, 여러 가지 에쓰노그래피가 작성된 이후에 그
것들을 상호 비교하는 작업을 진행하는 것이 에쓰놀로지라는 의

8 그 후 그것을 가장 즐겨서 사용한 측은 19세기 중반에 동쪽으로 정치적 범위를 확장하기 시작한
   제정러시아였다. 광범위한 지역에 흩어져 사는 사람들의 관리가 필요하였던 정치적 현실성을 고려
   한 '에트노그라피아ethnografia'가 주목을 받았다. '에트노etno'는 점령 또는 관리대상으로서의 집단
   이라는 의미로 정착되었음을 포착할 수 있고, 그러한 개념과 개념에 대한 해석은 19세기식 제국주
   의의 팽창과 맞물렸다고 생각한다. 제국주의의 물결에 편승한 일본이 그 단어를 대하였을 때는 이
   미 거의 자연스럽게 '에쓰노'는 '민족民族'이라는 점령대상의 집단으로 인식되기에 충분하였다. 그
   래서 '에쓰노그래피ethnography'의 '-graphy'를 '지誌'로 인식하여 양자를 결합해서 일본식으로 조
   어한 것이 "민족지民族誌"였다고 풀어볼 수 있다. 따라서 "민족지"란 단어가 조어된 배경에 깔린 정치
   적 색깔을 고려하면, 그것은 "점령대상집단에 대한 기록"이라는 의미의 이상도 이하도 아니다.

미를 분명하게 제시하고 있다.

2011년 2월 11일, 이집트의 시민혁명은 정치경제의 구도를 뒤엎은 시민생존의 힘으로부터 비롯되었다. 프랑스의 시민혁명 이후, 유사한 현상은 지구상에서 끊임없이 반복되어왔다. 정치경제와 생활생존이라는 구도는 본질적으로 상극인 모양이다. 정치경제는 생활생존을 착취하여 영양을 공급받고 있음을 지적할 수 있다. 일상의 지배와 억압을 구가하던 정치경제가 생활생존에 의해 전복되는 상황을 우리는 시민혁명이라고 이름해온 것 같다. 정치경제에만 매달리던 사람들이 생활생존에 대처할 방법을 찾을 수 없기에 혁명이라는 과정으로 자리를 내주고 만다. 양자는 혁명이라는 방식이 아니면 교체될 수 없는 모양이다. 역으로, 생활생존의 영역이 정치경제의 지배와 억압으로 인하여 벌어지고 있는 상황을 우리는 흔히 식민지적 상황이라고 말할 수 있으며, 그러한 구도를 주도하는 엘리트들이 발명한 이데올로기의 일종을 식민주의(또는 제국주의)라고 이름할 수 있다. 정치경제의 우월성에 의해 생활생존이 지배당하고 있는 상황을 제삼자의 입장에서 바라보는 경우에 발생할 수 있는 결과물은 여러 가지로 표현될 수 있다. 문학과 예술이라는 이름으로도 진행되었고, 학문과 운동이라는 이름으로도 표방되기도 하였다.

물론 그러한 상황을 구조적인 차원에서 바라볼 수도 있지만, 지극히 맥락적인 상황에서 재현해볼 수도 있다. 그러나 맥락적인 상황에서 식민지적 현상을 재현한다는 것은 실제로 그 현상에 젖어 들어서 살아보지 않은 사람에게는 그림의 떡일 수밖에 없다. 상상은 가능하지만, 실제로 식민지적 현상의 맥락이라는 것을 그려낼 수가 없다고 생각된다. 사실 그러한 식민지적 상황을 재현해내는 목적이 불분명할 경우에, 식민지적 맥락의 일부가 되어서 삶을 살아본다는 것은 쉽지 않을 것이다. 더군다나 식민지적 상황의 일부로 삶을 살아봐야 하는 비식민지인의 경우에는 식민지적 상황이라는 것이 자신을 비추어보는 거울의 역할을 할 것이라는 예상이 가능하고, 이 경우에 식민지적 상황이라는 거울에 비친 자신을 포함한 외부인에 대한 관찰은 갈등과 비판의식 등으로 인하여 복잡한 국면을 맞을 수 있다.

"에쓰노그래퍼는 다년간의 끈질긴 노력으로 그 자신이 발을 디딘 순간, 그리고 주민들과의 최초 접촉을 만든 순간과 연구결과의 최종적인 집필을 시도하는 시간 사이에 존재하는 거리감을 극복해야만 한다"(Malinowski 1922: 4). 말리노브스키는 야로가 진행되는 기간이라는 시간대와 그러한 작업이 종결된 이후에 보고서를 집필하는 기간이라는 시간대를 구분해서 생각하고 있음을 알 수 있다. 왜 말리노브스키는 이 두 개의 서로 다른 시간대에 대해 문제를 제기하고 있는 것일까? 두 시간대에 개입 가능한 문제는 어떤 것일 수 있는가? 두 시간대 사이에 존재하는 거리감의 의미는 어떤 문제를 내포하고 있는 것일까? 그리고 그 거리감은 어떻게 극복될 수 있는 것일까? 이는 거울이라는 물리적 현상과 관련된, 그리고 그것을 넘어선 인식론의 문제일 것으로 생각된다.

　말리노브스키라는 한 개인이 식민지적 상황을 살아봐야 할 경우에는 '거울' 논리에 얽힌 문제가 더욱 복잡한 상황으로 다가올 수밖에 없다. 즉 양방에 있는, 또는 전후에 있는 거울을 통하여 자신을 비추어 보게 되는 상황을 말한다. 양쪽 거울에 비쳐 영원으로 치닫는 자신의 모습이 점으로 이어지는 상황을 말한다. 영원한 사람의 모습, 즉 구극에 존재하는 보편적인 인간의 모습을 대하게 되는 한가운데의 자신, 영원의 보편적 인간과 직접 대하게 되는 자신의 모습을 상상력을 통해서가 아니라 양방거울의 현실 속에서 발견하게 된다. 그러한 자신을 발견하는 수단으로 동원된 것이 토속지다. 런던에서는 결코 볼 수도 없었고 느낄 수도 없었던 인간의 모습을 토속지에서 대하게 되는 것(1), 더 중요하게는 트로브리안드에서 대할 수 있는 인간의 모습을 대하는 자신이 투영된 인간의 모습을 그리려는 노력이 토속지를 작성하는 과정에서 말리노브스키 자신이 그 속에 함께 존재하는 것을 발견하는 것(2)이다. 만약 토속지적인 작업이 (1)의 단계로만 종결되면, 그것은 트로브리안드 사람들의 삶을 타자화하게 된다는 점을 그는 양방거울 효과를 내포하는 자신의 입장을 통해서 알았던 것이다. 그렇기 때문에 그 자신이 정치적으로 '유배'의 상황에 처해 있다는 점에 대한 자각을 바탕으로 태생된 것이 방법론적 혁명으로서의 토속지라고 생각하게 되는 것이고, 나는 그러한 배경 속에 위치하고 있는 유배지와 토속지의 상관성에 관한 심도 있는 검토를 강조하고자 한다.

"이런 형식의 작업에 있어서는 에쓰노그래퍼가 때때로 사진기, 노트, 그리고 연필을 제껴두고 진행되고 있는 상황에 자신을 참가시키는 것이 좋은 방법"(Malinowski 1922: 21)이라고 제안하고, "주민관점, 즉 인생에 대한 그의 관계를 파악하고 *그의* 세계에 대한 *그의* 비전을 깨닫는 것"(Malinowski 1922: 25, 이탤릭은 원저자)이 토속지적 방법의 목표라고 언명하였다. 이것이 말리노브스키가 설파한 방법론적 혁명공약인 셈이다. "그의 세계에 대한 그의 비전을 깨닫는" 과정이야말로 인류학자가 걸어야 하는 학습의 단계라고 말할 수 있다. 그 과정은 "조사하는inspect" 것이 아니라 "배우는learn" 과정이라는 점은 후일 클리퍼드 기어츠가 재론한 바 있다. 내가 세간에서 흔히 통용되는 "현지조사"라는 단어를 몸서리치도록 싫어하고 배격하는 이유가 여기에 있다. 토속지를 작성하기 위해서 야연을 계획하고 현장에서 야로를 하는 인류학자는 결코 "조사"에 임하는 것이 아니다.

인류학자들이 현지에서 하는 작업을 한마디로 정리한 것을 흔히 "관문참여participant observation"라고 한다. 말리노브스키의 후예들은 그것을 돋보이도록 노력하였다. 말하자면, 말리노브스키의 혁명공약을 한마디의 키워드로 정리한 표현으로 선택된 것이 "참여관찰"이라는 것이다. 즉 관찰을 하는데, 멀리서 방관자의 입장에서 하는 관찰이 아니라 진행 중인 사건의 현장에 "참여"함으로써 진행하는 관찰이라는 것이다. 그런데 이것을 실질적으로 실천해보면 그 용어 내부에 상당한 모순이 개입되어 있음을 금방 알 수 있다. 관찰을 하는 대상과 참여를 하는 대상이 있고, 그 대상은 동일한데, 그 대상에 대해서 동시에 참여를 해야 하는 상황을 말한다. 물론 이 과정에서 관찰도 하고 질문도 하게 마련이다.

굿이라는 현장에 참여하는 사람은 그 굿이란 현장의 일부를 구성하게 마련이다. 굿 현장에 참여하는 사람이 굿을 관찰하게 되면 어느 정도는 가능할지 모르지만, 참여하는 사람이 자기 자신을 제외시키고 그 현장을 관찰할 수는 없는 것이다. 따라서 참여하는 자신을 포함하여 관찰하게 되는 상황이 과연 가능한 것인가? 관찰하는 사람이 참여하는 상황과 관찰하는 사람이 참여하지 않는 상황은 다를 수밖에 없는데, 관찰하는 사람이 참여함으로써 벌어질 수 있는 현장의 왜곡 현상에 대해서는 어떻게 대해야 하는가? "관문참여"란 문제는 이러한 모순과 애매모호함을 포함하고 있는 용어임에 분명하다. "관문참여"라는 그 용어가 매력적으로 다가올 수도 있지만 필자가 "participant observation"이란 개념을 "참여관찰"로 번역하는 데에 대한 반대의견을 제시하는 이유는 한자의 특징과도 결부되어 있다. 그 말은 우리가 사용하는 용어로 쉽게 표현하면, "참관參觀"의 이상도 이하도 아니다. 그러면, 인류학자들은 "참관"만 하는 것인가? 그렇지 않다. "관문참여"의 내용은 "참관"

만을 의미하는 것인가? 아니다. 그럼에도 불구하고, "관문참여"를 인류학적 방법의 중요한 자리에 놓으려는 시도는 무엇인가? 그러한 모순과 애매모호함을 감수하고라도 "관문참여"를 함으로써 현상에 접근하지 않으면 안 된다는 것이 인류학자들이 부딪치는 방법론상의 문제이다.

　이러한 모순과 애매모호함을 보정하고 방법론상의 엄밀성을 추구할 수 있도록 해주는 것이 면접^{interview}이다. 그것은 사회학자들을 비롯한 일반적인 사회과학자들이 즐겨하는 구조화된 면접이 아니라 스토리텔링이 이어지는 자유분방한 대화, 즉 이야기를 나누는 방식이다. 이러한 형식의 면접은 상황에 따라 무한정으로 스토리가 이어질 수 있다. 그것도 효과적으로 진행할 수가 있는데, 나의 경험에 의하면 제보자들에게 "왜?"와 "어떻게?"의 두 질문을 번갈아 하는 것이 효율적일 수 있다. 그런데, 이러한 두 가지 질문을 포함한 다양한 상황에 대한 연구자의 질문이 겨냥하는 궁극적인 대상은 제보자의 기억이라는 현상이다. 기억의 조각들이 잘 이어지지 않을 때에는 관련된 사진을 보여주거나 사건과 물건을 상기시키면서 스토리를 이어가는 노력을 하게 마련이다.

　문제는 기억이라는 현상이다. 그 기억을 회상시켜서 이끌어내는 노력을 하는 사람이 연구자이다. 기억하는 사람과 기억된 부분들을 기록하는 사람 사이의 관계가 면접이라는 현장이다. "참관"만을 하는 것이 아니라 면접이라는 셋팅에서 진행되는 대화라는 과정을 밟는 것이 더욱더 중요한 문제라는 점을 지적할 수 있다.

자료를 수집하기 위해서 야로를 수행할 당시와 그 자료들을 가지고 토속지를 작성하는 단계의 시간차에 대해서도 생각할 필요가 있다. 이 시간차의 사이에 말리노브스키는 자신과 자신이 포함되어 있는 트로브리안드의 상황에 대해서 어느 정도 객관적인 입장으로 바라볼 수 있는 기회를 가질 수 있었다고 생각된다. 그는 자신이 수행한 작업이 여태까지 아무도 시도하지 않았던 것임을 확신했으며, 그 표현방법으로 동원한 것이 과거의 토속지들로부터 이어지는 전통의 재발명 시도였다고 말할 수 있다. 이 시간차 사이에 새로운 방법론을 창안하고, 재발명하며, 그러한 과정에서 차이가 나는 점을 인정함으로써 말리노브스키의 공헌에 대한 설명이 가능해진다. 선교를 포함한 식민주의적인 분위기 속에서 새로운 인류학을 창안하는 것은 새로운 방법론에 의지할 수밖에 없었던 것이다. 그 방법론을 입론하기 위해서 "the Ethnographer"라고 대문자로 표기함도 인지할 필요가 있다. "e"와 "E" 사이의 미묘한 맥락적 차이점까지도 포착하여 독자들에게 전달하려고 노력함으로써 자신이 터득한 방법론을 재현하려는 선구적 인류학자의 작업에 대해 경의를 표하게 된다.

혁명은 또 다른 혁명의 산실 역할을 할 수 있다. '폴리네시아의 법과 질서'에 관한 아이안 호빈Ian Hogbin의 296페이지짜리 책에 56페이지의 긴 서문을 쓴 말리노브스키는 "인류학이란 학문은 실질

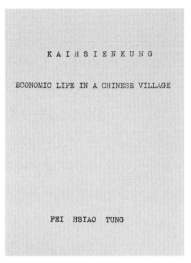

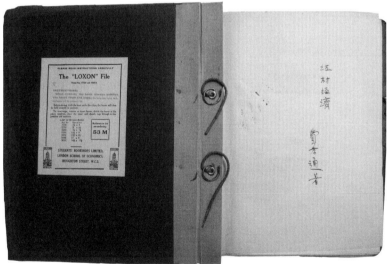

사진24 페이샤오퉁費孝通, Fei Hsiao Tung(1910~2005)의 LSE 박사학위 논문 Kaihsienkung: Economic Life in a Chinese Village 표지 사진(위). 지도교수였던 말리노브스키에 게 제출되었던 것이다. 내지에 "江村經濟 費孝通 著"라고 적혀 있다(아래).

적인 유용성을 가져야만 하거나 아니면 게으른 정신게임에 만족하는 하급으로 전락하거나 둘 중의 하나가 되어야만 한다"(Malinowski 1934: xviii)고 주장하였다. 자신의 제자가 만든 저작물에 대한 비판을 포함하여 1930년대 중반, 인류학이란 학문에 대한 말리노브스키의 입장이 한마디로 정리되어 있다. "특히 야로라는 방법을 고려한다면, 인류학적 이론이라는 것은 서둘러서 개혁되어야만 한다는 점을 확신하고 있다"(Malinowski 1934: lviii). 그것은 자신을 겨냥한 화살이었음을 생각할 때, 끊임없는 방법론적 혁신을 지향하였던 방법론적 혁명아의 지위를 부여하기에 조금도 모자람이 없다. 방법론적 혁신만이 인류학이란 학문의 살길이라는 확신이 있었기에, 토속지적 방법론의 매니페스토를 내걸었던 말리노브스키였기에, 그 자신이 수립하였던 방법론에 대한 개혁의 방도를 모색하는 것이 그의 숙명이었다고 생각된다.

1934년 호빈의 작업에 대한 말리노브스키의 입장은 이어서 1936년에 그를 지도교수로 정하고 찾아온 중국 유학생 페이샤오퉁Fei Shao-tung의 논문[9]을 지지하기에 부족함이 없었다. 페이가 제시한 방법론은 말리노브스키가 평소에 갖고 있었던 생각을 진전시키기에 모자람이 없었을 뿐만 아니라 강하게 자극하였을 것이다. 페이는 다음과 같이 적었다.

"나는 부족한 이 책이 출간되는 것을 원치 않는다. 이 책이 부족하고 미흡한 이유는 일본이 내가 묘사한 마을들을 점령하고 훼손

해버린 탓에 내가 근세기 더 진일보된 실제조사를 할 수 있는 기회를 빼앗아버렸기 때문이다. 그러나 나는 여전히 이 책을 출간하여 서양의 독자들에게 현실적인 모습을 제공하고자 한다. 이것은 우리 인민이 짊어질 막중한 책임이며, 눈앞의 투쟁을 위해 쓰라린 대가를 치루고 있다. 이 점에 대해 나는 결코 비관적으로 생각하지 않으며, 이것이 길고도 중대한 투쟁이었다는 것을 확실하게 말한다. 우리들은 이미 최악의 상황에 대비하고 있다. 일본의 폭탄과 독가스보다도 극단적으로 더 열악해질 수 있는 상황을 받아들일 준비를 말한다. 그러나 나는 확신한다. 과거의 잘못이나 현재의 불행과는 관계없이 우리 인민들의 부단한 노력을 통해, 중국은 거듭 위대한 국가로서 세계에 우뚝 설 것이라는 것을. 이 책은 결코 사라져갈 역사의 기록이 아니다. 백만 인민의 선혈로 쓰여진 세계역사의 새로운 장이 될 서언이다"(Fei 1939: 序文). 착 가라앉은 트로브리안드의 낭만적인 토속지가 아니라 제국주의의 침략전쟁에 맞서면서

---

9 Fei Shao-tung, 1938. 6. 1, "Kaihsienkung: Economic Life in a Chinese Village", Ph. D. Dissertation in Anthropology, London School of Economics and Political Science: p. 325. 페이의 박사학위 논문은 말리노브스키 파일(예일대학 스털링도서관 아카이브실) 속에 포함되어 있다. 이 논문과 페이의 저서 *Peasant Life in China*(1939)를 비교해보면, 내용상 상당한 부분에서 차이가 있다. 특히 1939년 출판된 저서에선 본고에서 인용한 일본제국주의의 침략전쟁과 관련된 내용은 박사학위 논문엔 아예 나타나지 않는다. 이 내용은 저서의 출간과정에서 추가한 부분임을 알 수 있다. 1938년의 박사학위 논문과 1939년의 저서 사이에 나타난 차이점에 대해서는 고를 달리하여 논의할 필요가 있다. 약 1년이란 기간 사이에 어떠한 작업과정이 개입되어 일본 제국주의와 관련된 내용이 '서언'에 삽입되었는가 하는 문제를 제기할 수 있다. 저서의 출판과정에 개입될 수밖에 없는 편집자의 역할과 약 1년이란 기간 동안 페이의 활동에 대한 정밀한 추적이 필요하다.

끓어오르는 중국 민중의 목소리를 담은 페이의 논문을 대한 말리노브스키는 무슨 생각을 하였을까?

자신이 논문지도를 해야 하는 중국인 유학생 페이의 카이시엔쿵開弦弓 토속지를 읽었을 때, 말리노브스키는 네 가지 장면을 한꺼번에 떠올렸을 것으로 추측된다. 트로브리안드의 쿨라, 오스트레일리아의 노동운동 상황, 제국주의적 침략전쟁의 희생물이 되어 있는 카이시엔쿵이라는 중국 농촌, 그리고 자신의 고향인 폴란드의 농민이 서로 엇갈리면서 그의 뇌리를 복잡하게 조직하였을 것이다. 말리노브스키는 "인민의 선혈로 쓰여진" 페이의 토속지에 기꺼이 공감하였을 것이고, 자신도 폴란드의 농촌으로 돌아갈 뻔했던 과거를 회상하지 않을 수 없었을 것이다. "어느 정도 공부가 끝난 말리노브스키는 여러 가지 장래 문제를 생각하는 가운데, 1921년 11월 12일자로 말리노브스키가 알프레드 해든에게 보낸 편지(해든 문서에 보관)에 의하면, 고향인 폴란드로 돌아가서 '우리의 농민들 속에서among our peasants' 수행할 수 있는 연구를 계획하기도 하였다"(Stocking 1983: 95). 그러나 1923년에 LSE의 시간강사로서 '미개사회'와 '사회심리학'에 관한 강의를 하게 되면서 폴란드로 돌아간다는 생각은 정지되었던 것 같다.

"어떤 경우에라도 과학적 연구의 결과들은 절대적으로 솔직한 방식으로 표현되어야만 한다"(Malinowski 1922: 2). "자료에 대한 솔직한 진술candid account이 필수적인 토속지를 생각하면, 불행하게도

과거에는 충분하게 그러한 자료가 공급되지도 못했고, 많은 저술
가들이 방법적인 진실성을 최대한으로 발휘하지 못했다. 왜냐하
면 그러한 저술가들이 우리들 앞에 지극히 모호한 것들을 제공하
였기 때문이다"(Malinowski 1922: 3). 말리노브스키는 토속지의 가
장 기본적인 출발점이 솔직함이라는 인간현상을 대전제로 하고 있
음을 언명하고 있다. 그 다음 순번으로 "관찰과 정보수집의 조건
에 대한 기록이 필요함을 지적한다. 그러한 전제를 확보한 뒤, 직접
적 관찰과, 주민의 진술과, 해석의 결과들과, 상식과, 심리학적 통찰
력을 갖춘 저자의 추론 사이에 분명한 선을 그을 수 있음으로 해서
토속지의 원천에 대하여 무한한 과학적 가치를 고려할 수 있다는
점을 명확히 하고 있다"(Malinowski 1922: 3). 방법론으로서의 토속
지를 전개하기 전에 그는 절대적인 솔직함의 중요성을 재삼 강조하
고 있다.

　"나는 셀리그만 교수의 *화폐*currency라는 용어를 인정할 수가 없
다. 왜냐하면, 그의 용어는 전혀 제대로 정의가 되어 있지 않기 때
문이다. (…) *화폐라*는 것은 하나의 규칙으로서 교환의 중개 및 가
치의 기준을 의미하는 것인데, 매심Massim에서 통용되는 가치재
들valuables은 어느 것도 그러한 기능을 하는 것이 없다"(Malinowski
1922: 499, 각주. 이탤릭 원저자). 말리노브스키는 그의 은사이자 유배
지에서의 안식처를 마련해준 강력한 후원자였던 셀리그만 교수의
견해를 정면으로 반박하고 있다. 은사의 견해를 정면으로 반박할

수 있는 것은 그의 학문이 솔직함에서 출발하고 있기 때문이라고 생각된다. 학문을 하는 과정에 개입될 수밖에 없는 솔직함이란, 인간현상에 대해서 겸허한 자세를 유지하는 것이 지고선이라는 점을 재삼 느끼게 하는 대목이다.

솔직함이 전제된 학문의 "방법적 원리는 세 가지로 정리될 수 있다. 첫째, 자연스럽게 연구자는 스스로 실질적인 과학적 목적을 분명하게 한 다음에 자신이 하고 있는 토속지의 가치와 범주에 대한 지식을 가져야 한다. 둘째, 자신에게 맞는 좋은 야로의 조건을 갖추어야만 하는데, 가장 중요한 점은 스스로가 다른 백인들로부터 완전히 격리되고 주민들 사이에 거주해야 한다. 마지막으로 셋째, 그가 발견하는 증거들을 수집하고 조정하고 확정하는 특수한 방법들을 적용해야만 한다"(Malinowski 1922: 6). 말리노브스키의 경우특수한 방법으로 자신이 개발한 것이 일기다. "한 지역에서 자신의 작업이 이루어지는 전 과정을 체계적으로 정리한 토속지적 일기 ethnographic diary는 연구를 위해서 이상적인ideal 도구라고 생각한다"(Malinowski 1922: 21). 지극히 평범하면서도 일상적인 일기라는 형식의 방법론적 채용에 착목한 말리노브스키는 후일 등장하는 모든 인류학자들의 영원한 스승이 된 셈이다.

그는 자신이 별도로 기록해둔 일기의 존재에 대해 암시적인 언급을 하고 있는 것이며, 그것의 연구상 중요성을 "이상적"이라는 용어를 빌어 두둔하고 있다. 따라서 한 지역에 대하여 작성된 토속지와 일기를 대조하는 것이 해당 지역의 전체적인 그림에 다가서기에는 이상적일 수 있다는 예언인 것이며, 그 예언은 1967년 그의 일기(Malinowski 1967)가 출판된 이후에 정확한 통로를 경유하여 진행된 바 있다. 야연을 실천해본 사람이라면, 누구나 공감할 수 있는 것이 야장野帳, field note과 일기日記, diary의 존재이다. 양자는 반드시 날마다 스스로에 의해 정리되어야 하는 인류학자의 작업과정이다. 양자를 명확하게 구분하는 것이 요구된다면, 전자는 인류학자가 보고, 듣고, 배운 것을 정리하는 것이고, 후자는 그러한 과정에 개입될 수밖에 없는 자신의 느낌을 적어두는 것을 말한다. 양자가 혼용될 수도 있지만, 가급적 별도로 기록하는 것이 후일을 위해 바람직하다는 생각을 하게 된다. 말리노브스키는 양자를 엄밀하게 구분하여 정리하였음을 양자의 대조를 통하여 알 수 있고, 양자가 긴밀하게 연결되어 보완되고 있는 점도 확인된다.

1904년 LSE에 민족학 강좌를 설치한 알프레드 해든은 말리노브스키의 인류학이 출발하는 시점에서 상당한 영향을 끼친 사람이다. 그는 19세기 말부터 20세기 초 사이에 진행되었던 탐험을 선도하였던 인물로서, 탐험이라는 방법이 갖는 인류학적 한계를 터득하고 탐험을 넘어선 "심화연구intensive study"를 주장하며, 오스트레일리아와 뉴기니 사이의 토레스해협에 관한 집중적인 탐험을 수행하였다(Haddon 1901~1908). 그것은 광범위한 지역에서 단기간 내에 수행되는 탐험을 극복하는 수단으로 한 지역에 집중적인 연구

를 하는 방법으로서 심화연구를 제안하였고, 해든의 심화연구라
는 방법의 연장선상에서 말리노브스키의 트로브리안드 작업이 시
작되었다는 점을 확인할 필요가 있다. 따라서 해든의 심화연구와
말리노브스키의 토속지 방법은 일련의 방법론적인 발전과정의 연
장선상에서 검토될 필요가 있다.

또한 말리노브스키와 거의 동일한 시기에 야로를 수행하였고,
『항해자』의 출판과 동일한 해에 토속지를 출판한 몽고메리맥거번
Montgomery-McGovern의 경우를 대조적으로 제시하게 되면, 우리는 말
리노브스키의 작업이 가히 혁명적이라는 언술이 전혀 과장이 아
니라는 점을 쉽사리 인정하게 된다. 또한 몽고메리맥거번의 경우가
당시 일반적인 토속지적 작업의 상황이었음을 암시해줌으로써 말
리노브스키가 이룩한 작업의 차별성을 부각시키기에 충분하다.

1916년부터 1918년까지 2년간 대만의 여자고등학교에서 영어
를 가르치는 가운데 원주민 지역을 잠깐씩 방문하여 자료를 수집
하고, 비서로 하여금 자료를 정리하게 한 몽고메리맥거번이 그녀의
서문을 작성한 것이 "1922년 3월 오스트리아 잘츠부르크"(Mont-
gomery-McGovern 1922: 17)였다는 사실과, 몽고메리맥거번의 책 앞
부분에 "내부자 관점insider's point of view"(Marett 1922: 14)을 언급한 마
렛의 서문은 어쩐지 엇박자의 느낌이 든다. 전혀 내부자 관점을 보
여주지 못하는 몽고메리맥거번의 포르모사Formosa(대만)에 관한 책
서문에 나타난 마렛의 "내부자 관점"이라는 주문은 방법론상으로

천양지차이다. 마렛이 포르모사에 관한 책의 서문 작성을 요청받았을 때, 그는 갓 출간된 말리노브스키의 트로브리안드 토속지를 읽었을 것이라는 추정이 가능하고, 말리노브스키의 방법론적 혁명이 포르모사의 토속지에서도 적용이 되었기를 바라는 마음에서 "내부자 관점"을 언급하였다고 생각된다.

몽고메리맥거번이 대만에서 원주민에 관심을 갖고 있었던 때와 동일한 시기에 말리노브스키는 트로브리안드에서 작업을 하면서 오스트레일리아를 왕복하고 있었던 점도 지적하고 싶다. 말리노브스키의 방법론을 가장 먼저 두둔하고 나선 사람이 당시 옥스퍼드 대학의 인류학 연구실에 있었던 마렛이라는 점도 상기할 필요가 있다. 몽고메리맥거번과 말리노브스키의 입장 차이가 지적되는 대목이다. 전자와 후자의 방법론적인 입장차이가 갈리는 부분이 후자의 정치적 입장을 포함하는 유배지의 생활에서 비롯되었다고 말할 수 있다.

6. 유배지流配地와 토속지

말리노브스키 연구자 영Young의 지적대로 말리노브스키는 "유배의 상태에서" 작업을 하였고, "그 상태는 완전히 봉쇄된 것이 아니라 가벼운 감시 정도였다"(Young 1998: 3). 그 상태가 가벼웠든 무거

웠든 간에 관계없이 "유배"이라는 정치적 상황에 처한 연구자의 입장에 대해 심도 있는 논의가 필요하다. 과문한 탓인지는 몰라도, 여태까지 어떤 인류학자도 '유배지의 토속지ethnography in exile'란 구도에 대해서 논의한 적은 없는 것 같다.[10] 그러나 이 문제는 토속지적 전통을 논의하기 위해 필수적으로 점검이 필요한 부분이라고 생각된다. 특히 말리노브스키를 논할 경우에는 유배 또는 유형이라는 문제가 갖는 정치성의 맥락이 제공하는 방법론상의 문제에 대한 주의를 환기시키고 싶다. 말리노브스키는 카메라와 방대한 부속 장비들을 지참하고 탐험expedition을 감행할 수 있었던 행운의 유배자였다. "그는 사진기를 2대 지참"(Young 1998: 245)하였는데, "1914년 6월 6일 뉴기니로 출발하기 이틀 전에 사진기를 빌렸다. 그중 한 대는 "벡무타르 렌즈와 슬라이드를 장착한 사각평면 모델 II 클리맥스a quarterplate Model II Klimax camera, complete with a Beck Mutar lens and two slides"(Young 1998: 275)였다.

유배지와 토속지의 관련성에 관한 논의는 일본의 사례에서도 발견할 수 있다. 19세기 중반, 즉 아직 현대적인 학문의 틀을 갖춘 토속지의 차원은 아니지만, 토속지적인 안목을 읽어볼 수 있는 기록들이 남아 있는 사례다. 그러한 것들 중의 하나가 "도해민속지圖解民

---

10 추사체가 완성되는 과정을 생각해본다. 동기창, 온방강, 소동파, 구양순 등 기라성 같은 중국 서예가들을 섭렵한 완당의 추사체는 8년여의 제주도 유배 생활을 거쳐 완성된 것이었다. 유배가 남겨준 역사의 교훈을 인류학사와 인류학이란 학문에 투영해보는 것은 우리에게도 의미가 있다.

사진25 트로브리안드에서 주민들과 면접 중인 말리노브스키. 얼굴과 손만 노출시키고 옷가지와 토시 및 신발로 온몸을 둘러쌌다. 모기 및 곤충에 의한 감염병을 우려했을 것이다. 주민들과는 완벽하게 다른 모습이다.

俗誌"(國分直一, 1984. 3. 22: 229)로 언급된 나코시 사켄타名越左源太(1820-1881)의『남도잡화南島雜話』이다. 일본 인류학자 코쿠부 나오이치國分直一는 그 책의 저자를 "에쓰노그래퍼로서의 그彼"(國分直一 1984. 3. 22: 239)라고 표현하였고, 그의 작품을 현대판으로 소개하면서 책의 부제로 "막말엄미민속지幕末奄美民俗誌"라는 용어를 썼다. 나코시는 가고시마 출신이며, 사츠마번의 번사로서 물두物頭라는 직책을 감당하였다.『도진가열조제도島津家列朝制度』에 의하면, 물두라는 직책은 번의 병구봉행兵具奉行, 즉 무기를 관리하는 직책이었다. 그는 1850년 사츠마 번에서 발생한 유라소동由羅騷動에 연좌되어 아마미오오시마에 "원도遠島(유형)"되었다가, 1855년에 사면되었다.『남도잡화』는 유배되었던 기간인 가영嘉永3년(1850)부터 안정安政2년(1855) 사이에 기록되었으며, 1934년 12월에 현대판으로 소개됨으로써 세상에 알려지게 되었다.

나는 코쿠부 나오이치의 의도를 훼손하고 싶지 않다. 그러나 그가 현대적인 의미로서 토속지의 개념이 도입되지 않은 상태의 기록물에 대해서 "민속지民俗誌"라는 용어를 적용하는 것은 적지 않은 오해를 불러일으킬 수 있다고 생각한다. 만약에『남도잡화』를 문자 그대로 "토속지"라고 한다면, 그와 유사한 정도의 기록들을 시간적으로 어디까지 소급해서 "토속지"라고 불러야 할지에 대한 문제가 발생할 수 있다.『삼국지위지동이전三國志魏志東夷傳』이나『만엽집万葉集』의 내용까지 "토속지"로서 평가하게 된다면, 우리는 인류학이란 학문의 시발점에 대해서 어처구니없는 혼란을 경험할 수밖에 없다. 그러한 혼란과 불필요한 논의를 원천적으로 배제하기 위해『남도잡화』는 그 자체로서 토속지가 아니라 현대적인 의미의 토속지라는 틀 속에서 읽을 수 있는 내용이라고 말하는 것이 타당하다. 코쿠부의 의도도 이러한 정도일 것이라고 생각한다.

그러나 여기서 내가『남도잡화』에 대해서 관심을 갖는 것은 그것이 작성된 유배지라는 배경이다. 유배지의 특성상, 저자는 주민들과 밀접한 생활을 경험하였음을 알 수 있고, 그 경험에 대해서 작성한 내용의 상당한 정도는 주민들의 입장을 전해주는 역할을 하고 있다고 생각된다.『남도잡화』는 1850년에서부터 1855년 사이에 기록된 아마미오오시마 주민들의 생활상을 서화의 형태로 전해주는 유배지의 기록이라는 점이 돋보인다.

19세기 후반에 달성되었던 토속지라는 인류학적 연구 방법이 적용된 결과물들은 대개 두 종류로 구분된다. 하나는 여러 분야의 연구자들이 탐험대를 조직하여 일정한 지역을 공동으로 탐험한 결과가 토속지의 형태로 나타난 것이 있고, 다른 하나는 주로 러시아에서 나타난 현상으로서 정치적 유배자가 장기간 원주민 사회에 정주하면서 주민들의 언어를 배우고 생활상을 기록한 결과가 토속지의 형태로 나타난 것이 있다. 즉, 19세기 말의 토속지는 탐험expedition 계통과 유배exile 계통으로 대별할 수 있다.

탐험계통으로 분류할 수 있는 대표적인 경우로는 얀 쿠바리Jan

Stanislaw Kubary(1846. 11. 13. 바르샤바~1896. 10. 9. 폰페이)와 니콜라이 미
클로마클레이Nicolai Mikloukho-Maclay(1846. 7. 14. 노보고로드~1888. 시드
니)의 경우이다. 쿠바리는 폴란드 태생의 독일인으로서 1869년부
터 약 10년간 함부르크에 있었던 '고데프로이박물관Museum Godef-
froy'의 자연사와 토속지적인 현지채집자의 신분으로 서태평양에
체류하였다. 후원자가 도산하자, 1882년에는 독일대사관을 통하
여 동경의 박물관에 단기간 일자리를 얻어 일본의 박물관을 위한
의견서도 제출하였다는 기록이 있다. 1882년 5월부터 7월까지 요
코하마의 박물관에서 단기간 근무한 적이 있는 얀 쿠바리의 경우
(Paszkowski1971; 西山輝昭 2004: 5) 그의 포나페(폰페이) 섬의 경험이
일본의 학계에 공식적으로 전해진 바 있다. 1895년 1월부터 1901
년 1월 사이에 3권으로 출간된 그의 저서 *Ethnographische Be-
iträge zur Kenntnis des Karolinen Archipels*는 베를린의 '민족
학 및 동아시아 문명 박물관Museum für Völkerkunde und Ostasiatische Kunst-
sammlung'에서 발행되었다.

동물학자였던 미클로마클레이는 독일 예나대학에서 유학하는
동안 칼 헤겐바우어(1826~1903) 교수로부터 비교해부학 강의를 수
강하였고(1865~1866. Miklouho-Maclay, 1982: 370, 주 19), 1869년 귀
국하여 페테르부르크 아카데미의 동물학 박물관에 근무할 당시
태평양의 동물학 조사계획을 러시아 지리학회에 제출하였다. 마클
레이는 러시아 인류학 창설자 중 한 사람인 칼 폰 벨의 「파푸아 사

사진26 미클로마클레이.

Неизвестный Миклухо-Маклай

Переписка путешественника
с царствующим Домом Романовых,
Министерством иностранных дел,
Морским министерством
и Императорским Русским
Географическим обществом

Составитель О. В. Каримов

ИЗДАТЕЛЬСКИЙ ДОМ
«Русская разведка»
Кучково поле

2014

사진27 미클로마클레이의 책『알려지지 않은 미클로마클레이*Неизвестный Миклухо-Маклай*』(Miklouho-Maclay 2014)의 타이틀페이지 사진. 제목 아래에 "로마노프 황실, 외무부, 해군, 러시아 제국지리학회와 주고받은 여행가의 편지"란 부제가 보인다.

람들과 아프리카 사람들」이라는 논문을 읽은 것을 계기로 하여 뉴기니 원정을 결심하였다. 그는 1871년 9월 20일 아스트로라프 만에 도착하여 15개월간 체류하였으며, 그곳에서 스웨덴 인 포경선원 올슨, 폴리네시아에서 구한 '보이'와 함께 살았다. 그 동안 남서부의 코와아이 해안에 상륙하기도 했다(Miklouho-Maclay 1982; Tumarkin 1982. 8, 4). 제정러시아에서는 1849년 러시아 지리학회Russian Geographical Society가 출범하였는데, 그 산하에 지형 및 토속지위원회 Commission of Physical Geography and Ethnography가 설치되어 활동을 시작하였다. 그러한 배경이 있었기에 러시아 지리학회가 파견한 마클레이가 뉴기니에서 업적을 남긴 것이라고 생각된다.

유배계통의 토속지 제작자들은 모두 19세기 후반 제정러시아에서 일어난 정치적 유배의 결과로서, 대표적인 세 사람을 들수 있다. 블라디미르 요헬슨Vladimir Ilich Jochelson(1855. 1. 26~1937. 11. 1), 레프 슈테른베르그Lev Yakovlevich Sternberg(1861. 5. 4~1927. 8. 14), 블라디미르 보고라스Vladimir Germanovich Bogoraz(1865. 4. 27~1936. 5. 10)이다. 세 사람은 모두 유태인의 혈통을 이어받은 러시아 사람들이었다.

1880년 스위스로 이민한 요헬슨은 1885년 러시아로 재입국하려다가 '인민의지人民意志, Narodnaya Volya'라는 정치단체에 참가했던 죄목으로 체포되어 3년간 감옥생활을 하였고, 1888년부터 10년간 콜리마Kolyma강의 야쿠치아로 유형되었다. 유배지인 캄차카에서 1894년에서 1896년 사이에 유카기르 사람들에 대한 자료를 수

2. 방법론적 혁명으로서의 토속지와 유배지의 천우신조

집하였으며, 감옥 경험 동료인 블라디미르 보고라스, 레프 슈테른베르그와 함께 평생 업이 된 시베리아 선주민에 관한 언어학적 토속지적 자료수집에 심혈을 기울였다. 특별사면령으로 러시아 지리학회가 실시하였던 야쿠트 탐험대(1894~1897)에 참가하여 베르호얀스키Verkhoyansky와 콜리마 지역의 야쿠트 족에 관하여 연구하였고, 미국 자연사박물관의 제섭북태평양탐험대Jesup North Pacific Expedition(1900~1901)에도 참가하였다. 그 결과 코랴Koryak, 유카기르Yukaghir, 알류트Aleut에 관한 전문가가 되었고, 그후 1912년부터 1922년 사이에 미국 자연사박물관의 학예원으로 일을 했던 경험을 하였으며, 볼셰비키 혁명 후 상트페테르부르크대학의 민족학 교수가 되었다가, 1922년 미국으로 이주하였다. 1930년대 일본 민족학계에서는 요헬슨에 대하여 "반진화론적 입장으로 종교사를 연구하면서 영국 인류학자 앤드류 랑의 학설에 찬성한 요헬슨은 1911년 러시아제국 지리학회의 민족학부民族學部 제12회 회의에서 중요한 보고를 하였던 것"(杉浦健一, 1933. 1, 13)으로 소개하였다.

슈테른베르그는 대학에서 수학과 물리학을 전공한 사회운동가인 동시에 마르크스주의자로서 활동하였다. 1902년 법과대학졸업증서를 받았다. 상트페테르부르크대학 법학부에 입학했다가 퇴학당하고, 1883년 오데사 대학으로 전학한 후 정치를 단념하였으나, '인민의지人民意志' 단체에서 활동하였던 전력으로 인하여 1886년 체포되어 3년간 오데사에서 감옥생활을 한 뒤 10년간 사할린으로

사진28 블라디미르 보고라스(좌), 프란츠 보아스(중앙), 레프 슈테른베르그(우). 1924
년 스웨덴의 요테보리^{Gothenburg}에서 개최되었던 아메리카니스트 세계대회 회의장
에서(Znamenski 2007: 66).

유배되었다. 그가 사할린의 알렉산드로프스크^{Aleksandrovsk}항구에
도착한 것은 1889년 5월 19일이었고, 항구에서 100킬로미터 떨어
진 비악투^{Viakhtu}로 배소가 정해졌다. 그는 여기서 선주민들에 대한
토속지적 연구와 선주민권리운동도 함께 시작하였다.

  "그의 글은 『형무소통보^{刑務所通報}』에 게재되었고, 1895년 허가를
얻어 화태^{樺太}와 아무르 강 지방을 여행하면서 8년간 조사에 임하
였다. 그의 수집물 대부분은 화태박물관^{樺太博物館}에 들어갔다. 1896
년 만기 석방된 슈테른베르그는 페테르부르크로 이사하였다. 라
드로프 자레만과 함께 학사원부속 인류급 인종지학박물관^{學士院附屬}
^{人類及人種誌學博物館} 창설자가 되었으며, 혁명 후 인종지학연구회^{人種誌學}
^{研究會}와 고등인종지학 학원^{高等人種誌學學院}을 개설하였는데, 이것이 후
일 레닌그라드대학에 지리학부를 신설할 때 합병되어 슈테른베르
그가 인종지학과의 주임이 되었다. 러시아 혁명 후, 그는 블라디미
르 보고라스와 함께 상트페테르부르크대학에 러시아 최초의 토속
지 연구소를 설립하였으며, 미국 자연사박물관과의 협조하에 시베
리아에 대한 연구를 하였다. 그는 특히 길리야크에 대한 언어와 생
활에 관한 중요한 자료들을 남겼으며, 학사원 간행물인 *Die Reli-
gion der Giljaken, The Social Organization of the Gilyak*, "Di-
vine Election in Primitive Religion"을 남겼다. 그는 1910년 2명의
학생과 함께 화태와 흑룡강 지방을 다시 방문하였다. (…) 일본을
방문하여,[11] 아이누 연구가 킨다이치 쿄스케^{金田一京助}와 야나기타 쿠

니오^{柳田國男}를 만났다"(ネフスキ— 1927. 11: 103-104).

레프 슈테른베르그는 "북극민족의 언어와 민속의 연구자로서 1926년 가을 동경에서 개최된 제3회 태평양학술회의에 러시아 대표로 참석하였으며, 그때 그는 유구琉球와 북해도北海道를 답사"(石田 幹之助 1927: 11)하였으며, "문헌을 위주로 하여 언어, 과학, 종교 등의 상부구조를 연구하는 역사학파는 완전히 달리 경제와 사회조직과 같은 하부구조는 물론, 도구 등에 대하여 광범위한 문화복합체로부터 새로운 역사적 연구를 하는 경향의 문화사학파에서 슈테른베르그가 대표격"(杉浦健— 1933. 1: 14)이라고 소개되었다.

블라디미르 보고라스는 상트페테르부르크대학에서 법학을 전공하고 '인민의지'에 참가한 죄목으로 타간로그Taganrog 감옥에서 11개월 수형생활을 한 뒤, 1889년부터 1899년 사이 10년간 야쿠츠크Yakutsk 북동부에서 유배생활을 하였다. 이는 그곳의 축치Chukchi 사람들에 관한 토속지적 연구의 업적을 남기는 계기가 되었다. 후일 뉴욕의 미국 자연사박물관에 초빙되어 제섭북태평양탐험대에 참가하게 되었다. 이때 블라디미르 요헬슨과 함께 시베리아의 아나디르Anadyr 지역을 담당하여 그곳의 축치, 코략, 라뭇 사람들에 대한 자료를 수집하였다. 후일 미국으로 이민하여 자연사박물관의 학예원으로 활동하는 동안 축치에 관한 방대한 저술들을 생산하

---

11 1926년의 일이다.

였다. 보고라스는 1904년 러시아로 귀향하였고, 제1차 농민회의의 조직에 참가하였으며, 1910년에 그의 작품들이 러시아에서 출판되었다. 1917년 그는 레프 슈테른베르그와 함께 상트페테르부르크대학의 민족학 교수가 되었다. 그의 필명은 탄[N. A. Tan]이다. 1930년대 일본 민족학계에서도 보고라스가 잘 소개되고 있다(黑田乙吉 1936. 8. 1).

　　이상과 같이, 탐험계통의 두 폴란드 출신 연구자는 태평양의 도서 지방에 관한 토속지를 남겼고, 유배계통의 세 유태계 토속지 전문가들은 동부 시베리아의 민족들에 관한 불후의 작품들을 남겼다. 당시 탐험이라는 명목으로 태평양의 도서에 3년씩이라는 장기간 체류하였던 두 사람의 삶도 사실상 유배생활이나 거의 다름없는 것이었다. 나는 이러한 배경으로부터 유배라는 상황이 제공하는 토속지 작성의 분위기에 대해서 생각을 하게 되었다. 그리고 탐험계통의 두 사람과 유배계통의 세 사람이 보여주는 공통점은 모두 그들이 살았던 사회의 변방에 속한 사람들이었다는 점이다. 결과적으로 토속지에 대한 관심은 주류사회의 핵심에서 배제되었던 변방 그룹 속에서 성장한 사람들로부터 배태된다는 점을 지적할 수 있다.

　　"대영제국이 오스트리아헝가리제국에 대하여 선전포고한 날이 8월 12일"(Young 2004: 297)이고, 오스트리아헝가리제국의 신민이었던 말리노브스키가 "뉴기니에 도착한 날이 9월 12일 토요일"

(Young 2004: 309)이다. 말리노브스키는 꼭 한 달만에 대영제국에서 배려한 그의 유배지에 도착한 것이라고 말할 수 있다. 그는 "셀리그만에게 보내는 편지(1914년 9월 20일 자)에서 '약속 받은 땅promised land'"(Young 2004: 322)에 도착하였다고 보고하였다. 즉 인류학적인 연구가 보장된 유배exile라는 의미로 트로브리안드의 '약속받은 땅'이 해석될 수 있다. 나는 말리노브스키의 트로브리안드 연구 결과가 사실상 그의 정치적 신분에 의한 유배지에서 이루어진 것이라고 생각한다. 아울러 그가 폴란드 출신의 선배 토속지 연구가들에 대해 일단의 평가를 내리고 있음에 주목하고 싶다.

말리노브스키는 그의 일기에서, "어제, 앞으로 발행할 내 책의 서문에 대해 생각하면서 산책을 하고 있는 동안 나는 초창기의 에쓰노그래퍼들에 대해서 다음과 같은 생각을 하였다. 얀 쿠바리는 구체적인 방법론자이고, 미클로마클레이는 새로운 형식을 추구하였고, 마렛Marett은 비교론자"(Malinowski 1967: 155)라는 결론을 내렸다. 그러나 그의 주저서이자 불후의 명작인 트로브리안드의 토속지인 『항해자』에서, 말리노브스키는 쿠바리는 언급하면서 마클레이는 언급하지 않았다. 즉 그의 "일기"와 토속지(『항해자』)가 결합됨으로써 말리노브스키가 추구하였던 토속지의 전모가 더욱더 명확하게 드러남을 알 수 있다. 그러나 말리노브스키는 러시아 쪽의 유배자들이 남긴 토속지들에 대해서는 전혀 언급하지 않았다. 러시아 쪽에서 발간된 자료의 상당 부분은 일찍이 미국 자연사박물관에서 영어로 발간되었기 때문에, 그가 단순히 관심을 보이지 않았다고 생각할 수밖에 없다. 말리노브스키의 관심은 태평양의 도서지방이었고, 그는 시베리아 대륙에 대해서는 전혀 관심을 보이지 않았다고 생각할 수 있다.

그러나 러시아의 토속지 전문가들과 말리노브스키 사이에 보여주는 공통점을 다음과 같이 지적할 수 있다. 런던이라는 학문 중심지에서 바라볼 때 오스트레일리아라는 식민지의 배경과 상트페테르부르크라는 학문 중심지에서 바라볼 때 시베리아라는 식민지의 배경에 대한 토속지적 관심의 공통적인 구도를 생각해볼 수 있다. 그리고 그 작업을 한 사람들의 배경은 또한 모두 공통적으로 변방 그룹 출신들이라는 점이다.

"토속지"라는 문제의식을 갖고 있었던 말리노브스키는 쿠바리와 마클레이의 업적에 대해 깊이 생각했던 것 같다. 특히 그가 책의 서문을 구상하는 단계에서 쿠바리와 마클레이를 떠올린 것은 "토속지"라는 것이 가진 의미에 대해 숙고하였다는 증거라고 생각한다. 즉 마클레이의 활동 배경에는 분명하게 토속지가 뒷받침되어 있었기 때문에, 말리노브스키가 그 단어를 사용하면서 재정의하는 형식으로 그의 책 앞 부분에서 "ethnology/ethnography"를 논의한 것으로 이해할 수 있다. 특히 마클레이와 말리노브스키, 두 사람은 40년의 차이만 있을 뿐, 폴란드 출신으로서 오스트레일리아를 경유하였고, 오스트레일리아에서 부인을 만나는 동일한 인생경로를 밟고 있었다.

"말리노브스키의 트로브리안드 토속지는 오랜 전통의 영국 인류학에 혁명의 바람을 불어 넣었다. 말리노브스키 이전에는 원주민을 표본으로 하여 신체를 측정하고 사진을 찍고 인터뷰를 하는 것이 표준적인 토속지의 방법이었다"(Stocking 1991: 43). 즉, 말리노브스키 이전의 토속지는 그것을 수행하기 위해서 필수적으로 소요되는 시간이 그렇게 길지 않아도 가능하였다. 인체측정과 같은 작업은 단기방문에 의해서 충분히 수행할 수 있었다.

그러나 주민들 속에서 장기간 거주해야 한다는 조건의 유배라는 상황은 단기간의 수행으로 끝나는 토속지를 허용하지 않는다. 장기거주하지 않으면 안 되는 조건에서 생산된 것이 유배계통에서 제작된 토속지와 말리노브스키의 토속지가 갖는 공통점이다. 장기라는 주어진 시간 동안에, 그 시간이라는 '공간'을 무엇인가로 채우려는 노력의 일환으로 실천한 것이 관문참여법觀問參與法에 의한 토속지적인 작업이었다고 생각된다. 그것은 '먹물'이라는 지식인이면 할 수 있는, 또는 해볼 만한 작업이었을 것이다. 속세의 인연을 단념한 '먹물'이 유배지에서 무엇인가 소일거리라도 할 수 있는 것은 그것밖에 없었을지도 모른다. 따라서 우리가 생각할 수 있는 토속지적 방법이라는 것은 기간이라는 조건과 밀접한 관련이 있음을 지적하지 않으면 안 된다. '장기'라는 조건이 제공하는 시간적 절대변수에 의해서 유배상황에 처한 사람은 그곳에 '거주'하지 않으면 안 될 것이고, '거주'라는 것은 공간적인 변수로서 작용할 수 밖에 없다. 따라서 시간적으로 장기, 공간적으로 거주라는 조건에 적응된 것이 토속지적 방법으로서의 관문참여법이라고 말할 수 있다.

7. 솔직함의 토속지

진정, 전쟁은 영웅을 만들어내는 역할을 하는가? 말리노브스키는 일차대전으로 인하여 트로브리안드에 갇혀서 야연을 할 수 밖에 없었고, 이차대전으로 인하여 영원히 미국에 갇혀버린 불운한 폴란드인이었다. 일차대전 진행 중 부여된 '적국 외인'이라는 신분이 말리노브스키로 하여금 영국령 내에 거주하는 것을 불가능하도록 하였다. 은사들과 주변의 배려로 그는 영국의 식민통치 지역인 영국령 뉴기니에 속한 트로브리안드에 일종의 피난처를 마련할 수 있었고, 피난지에 갇힌 말리노브스키는 트로브리안드의 일정한 지역 내에 거주할 수밖에 없었다. 환언하면, 그는 유배지에 배속된 일종의 구금상태에서 인류학적인 야연을 수행하였던 것이다.

　인류학이란 학문 전체의 구도에서 조망한다면, 말리노브스키라는 개인의 위기가 인류학 발전의 기회로 전환된 것이다. 그 기회가 제공되지 않았더라면 방법론으로서의 토속지적 혁명은 배태될 수 없었을 것이라는 가정이 가능하며, 인류학이 사회인류학 뿐만 아니라 체질인류학을 포함하는 광의의 학문으로 자리를 잡는 계기가 마련되지 않았을 수도 있다. 실패한 혁명가들이 죗값을 치르느라고 유배를 가는 것이 보통인데, 유배를 간 말리노브스키는 유배지에서 혁명을 일으킨 것이다. 그 혁명의 내용은 인류학의 방법론적 혁명이었으며, 70년만에 중단의 경험을 맞은 레닌의 볼셰비키혁명에 비해 말리노브스키로부터 시작된 방법론적 혁명의 힘은한 세기를 향하여 계승되고 있다. 정치보다는 학문의 수명이 길다는 점을 확인할 수 있고, 학문의 매력은 이런 데서 찾을 수 있음을알게 된다.

러시아의 토속지 연구가들과 말리노브스키 사이에는 분명한 차이점들이 존재한다. 첫째, 러시아 토속지 연구가들의 경우는 정치적으로 강제된 시베리아의 유배지에서 당해 지방에 거주하는 원주민들에 대해서 관심을 보이고, 그 사람들의 삶의 방식에 대해서관심을 갖고, 그들의 언어를 배운 결과를 토속지로 작성하였다. 즉, 그들은 유배지에서 토속지라는 천우신조를 만났다. 반면 말리노브스키의 경우는 트로브리안드라는 유배지 자체가 토속지를 재발명하는 천우신조의 계기였다. 둘째, 말리노브스키는 서구자본주의에 대한 인간의 문제를 생각하였다. 정치적 이유로 유배를 갔던러시아 사람들의 경우는 변방의 작은 집단들을 바라보는 러시아중심의 관점을 갖고 종족집단들을 타자화한 면을 볼 수 있다. 말리노브스키는 유럽이 상실한 인간사회의 공동체성 재발견이라는 문제를 천착한 것이며, 러시아의 토속지 연구가들은 러시아를 구성하는 민족 집단으로서의 사람들에 대한 정밀한 기록을 남겼다. 이것은 인간을 바라보는 본질적인 견해차이라고 말할 수 있다.

　"나의 인류학"을 하기 위한 출발점으로 말리노브스키의 원전읽기를 언명한 지(전경수 2001: 2-3; fn 2) 삼십 년이 넘었다. 지난 이십 년 나는 '나의 인류학'을 하기 위한 작업으로서 또 다른 '너의 인류학'을 섭렵해왔다. 그것은 다름 아닌 식민지적 지배와 종속의 관계를 포착할 수 있는 일본 인류학에 관한 학사적인 정리였다. 일본 인류학의 학사를 정리함에 있어서 가장 문제가 되는 점을 한 마디로 제시한다면, 의도적이든 비의도적이든 간에 과거에 대해서 언급하지 않기가 광범위하고도 심도 있게 관례화되어 있는 학계의 경향이라고 지적할 수 있다. 환언하면 그것은 사실은폐, 즉 솔직함의 결여라고 말할 수 있다. 말리노브스키는 이미 한 세기 전에 이 문제에 대해서 짧고도 분명하게 적기하고 있다. 그것이 전제되지 않고는 학문도 인생도 안 된다는 것이 방법론적 혁명아 말리노브스키의 고언이었음을 읽을 수 있고, 솔직함이라는 방법이 불가해성의 인생이라는 현상을 바라보는 그의 인생철학이었음도 이해할 수 있다.

　인류학사를 정리한 조지 스톡킹은 『항해자』의 첫번째 장을 일컬어서 "인류학을 포함하는 지적 공동체 내에서 말리노브스키를 방

法론적 혁명의 대변자"(Stocking 1983: 111)로 만든 작품이라고 극찬한다. 인생의 불가해성과 불가해한 인생을 대하는 방법론으로서의 토속지를 시작하기 전에 절대적 솔직함을 전제로 하는 말리노브스키의 『항해자』가 출판된 지 한 세기를 목전에 두고 있는 이 시점에서도 말리노브스키가 회자되는 이유는 명백하다. 그가 제시한 솔직함의 인생관과 학문관이 독자의 심금을 울리고 있기 때문이다. 살아감에 있어서 솔직함 이상의 가치는 없다는 점을 말리노브스키를 통해서 다시 한 번 배우게 된다.

오키나와의 신화를 구성하는 말에는 "니라이카나이"라는 구절이 있다. 좋은 것은 밖으로부터 오는 것이라는 의미다. 쿨라라는 현상을, 주는 쪽이 아니라 받아들이는 쪽에서 생각하면 동일한 현상의 결과에 대한 사람들의 인식이 만들어지고, 받는 사람의 입장에서 본다면, 쉽지 않은 항해를 하고 부단히 주기 위해서 다가오는 사람들의 입장은 현실이 아니라 상상력으로서 이해하게 된다. '주고—받고—되갚는' 과정의 스토리는 그러한 상상력이 반복되고 대를 물려 이어지면서 신화로 정착하는 것이라는 생각을 하게 된다. 그러한 신화의 과정이 제1차 세계대전 중 트로브리안드에 배소가 정해진 말리노브스키의 관문참여법에 의해서 포착된 '쿨라'라는 지혜(슬기)이다. 교환과 협동에 의해서 영글어진 해역공동체海域共同体의 모습을 말리노브스키는 '쿨라'로 이해하였고, '쿨라'와 같은 이야기는 호모사피엔스가 진화한 이래로 개척해온 삶의 골자임을 증언하고 있다. '쿨라'와 같은 공동체의 모습이 발명되었던 역사적 과정이 있었기에 호모사피엔스의 존재론이 가능하다는 인류사적인 문제의식이 말리노브스키에 의해서 발견되었음을 알 수 있다. 나는 '쿨라'(트로브리안드)와 '포틀래치'(하이다) 그리고 '부주동우'(하사미)를 포함하는 '선물'에 초점을 맞추는 지혜인류학이 앞으로 진화생물학과의 대화를 열어감으로써 인류학이란 학문의 위력을 보여줄 수 있을 것이라고 예상한다.

　　토속지라는 과제에 몰두하고 있는 말리노브스키의 후예들은 이제 전 세계적으로 활동하고 있다. 그 장소가 어디든 관계없이, 그들이 토속지적 작업을 하는 한 가장 명심해야 하는 것은 '솔직함'이다. 우리는 말리노브스키로부터 '솔직함'의 의미를 선물로 받았다. 이제 우리는 무엇으로 말리노브스키에게 갚아야 할 것인가? 언제 어디에서 무엇에 적용되든지 관계없이 그에게 갚아야 하는 것은 '솔직함'으로 영근 토속지이다. 솔직함의 가치가 동력이 되어 인류학의 시스템이 굴러갈 때, 인류학자는 인간에 대해 언급할 수 있는 자격을 얻는다.

3장

Note:
This copy of Freu[ne]
is annotated throughout
+ was = the starting
book = Sex and Re[...]
Mme Valette.
Valladolid 35
Raymond Firth, Mexico 11, D.
[ca]lled my attention [m]exico
its importance —
U, F

말리노브스키의 섹스론

1929년에 발행된 그의 저서 *The Sexual Life of the Savage in North-Western Melanesia*에 반영된 트로브리안드 사람들의 성性에 관한 말리노브스키의 생각들을 정리해 봄으로써 앞으로 인류학의 하위분야로 천착되어야 할 '섹스인류학性人類學[1]'이라는 지평을 개척해 보고자 한다.

빅토리아 시대 이후 섹스라는 것은 유럽 전역에서 엄격한 금기로 자리를 지켜왔다. 그런데, 프로이트는 심리학적 역동성 또는 정신분석학이라는 틀 속에서 학문이라는 이름 하에 그 금기를 깨는 선구자적인 역할을 하였다고 볼 수 있다. 무의식이라는 심리학적 기제를 설정해 놓고, 의식의 수면하에 침잠해 있는 성적 충동의 흔적을 추적함으로써 거론하기조차 이상하고 거북살스러운 섹스와는 아주 먼 거리에 있는 것처럼 보이는 행위양식에 영향을 주는 관습의 문제와 사회의 문제를 거론한 것이다. 프로이트는 정신질환자를 통한 "무의식"이라는 것을 무대에 등장시키는 방법을 고용함으로써 서구 사회에 내재한 메카톤 급의 문화적 압력으로서의 섹스라는 금기주제를 일상적인 차원의 주제[2]로 전환시키는 데 성공을 거두고 있다.

---

1 영어로는 sexual anthropology 또는 anthropology of sex로 할 수 있겠으나 적절한 용어에 대해서는 앞으로 생각해 볼 여지가 있다. anthropology of eros 또는 erotic anthropology라는 차원의 개념들도 생각해 볼 수 있다.

2 그것이 비록 학문이라는 탈을 쓰고 있지만, 학문이라는 것도 시민사회의 일상적인 측면과 밀접하게 연결되어 있다는 점을 상기할 필요가 있다

거시적인 안목에서 볼 때, 말리노브스키는 프로이트에 이은 섹스론의 두번째 주자라고 말할 수 있다. 그는 프로이트가 설정한 정신질환자의 자리에 "야만인Savage"을 등장시키는 연극적 방법을 고용하여 섹스를 서구 사회의 일상생활이라는 수면 위에 떠올리고 있다. 프로이트가 정신질환자를 통한 무의식에 대한 시나리오를 쓴 반면에, 말리노브스키는 "야만인"을 통한 문화에 대한 시나리오를 작성한 것이라고 볼 수 있다. 즉 말리노브스키는 서구 사회의 금기주제인 섹스를 연구함에 있어서 이미 프로이트가 물꼬를 터놓은 길을 조심스럽게 유영하고 있음을 알 수 있다.

정신질환자를 대상으로 한 프로이트가 야만인을 대상으로 한 말리노브스키보다도 대중에게 더 인기가 있었던 이유는 양자의 방법론적인 차이점에서 기인한다고 생각한다. 무의식 세계 속에서 섹스라는 주제를 더듬는 프로이트는 섹스 그 자체에 관한 내용과 문제에 한정할 수밖에 없다. 왜냐하면, 그는 일상생활의 여러 가지 장르들로부터 독립적이고 분리되어 있는 무의식이라는 새로운 하나의 장르를 설정하였기 때문에, 일상생활의 다양한 모습과 직결된 섹스의 모습으로 그의 논의를 확산시킬 수 있는 틀이 없었던 것이라고 생각된다. 반면에 말리노브스키의 경우에는 그의 논의를 문화 또는 일상생활이라는 장르에서 전개하고 있기 때문에, 그의 섹스에 관한 논의는 일상생활을 구성하는 다른 많은 장르들(예를 들면, 가족과 혼인 등)과 기능적으로 연관되어 있는 모습으로 확산될 수밖에 없다.

금기상태의 주제인 섹스의 존재가 있는 한 포르노라는 것은 항존하게 마련이다. 말리노브스키의 섹스에 관한 확산된 논의가 대중의 자극적인 흥미를 끌기에는 포르노의 차원이 결여되어 있는데 반해, 프로이트의 섹스에 관한 한정된 논의는 포르노를 지향하는 대중의 흥미를 유도할 수 있는 것 같다. 섹스라는 주제로부터 일상생활의 다른 모습들인 혼인이나 가족의 현상으로 확산하고 있는 말리노브스키의 입장과 섹스에만 한정된 논의를 하고 있는 프로이트의 입장에 존재하는 차이점을 확인할 수 있다. 그러나 프로이트는 무의식이라는 심리학적 역동성을 바탕으로 제시함으로써 포르노라는 규탄을 모면할 수 있는 여지가 있다. 말리노브스키에게 주어진 일상생활을 그려야 하는 토속지라는 문제의식은 서구사회의 금기 즉 독자인 서구인들의 문화에 순응할 수 밖에 없는 것이다. 그래서 "야만인의 성생활"이란 제목의 책이 출판되어 시장에 등장하였을 때, 많은 사람들이 이 책을 집어들었다가 실망하고 집어던졌다고 하는 이유가 설명될 수 있다.

한편, 우리는 이 책이 대공황기에 등장하였다는 역사적인 사실에도 주목할 필요가 있다. 대공황기라는 서구사회의 위기상황은 이미 거칠어질 대로 거칠어진 인간성을 태동시키는 시험장을 마련하였다고 볼 수 있다. 그러한 상황 하에서 "사랑의 관습"이라는 차원으로 섹스를 표현한 것은 대공황기의 인간성에 신선한 자극제의

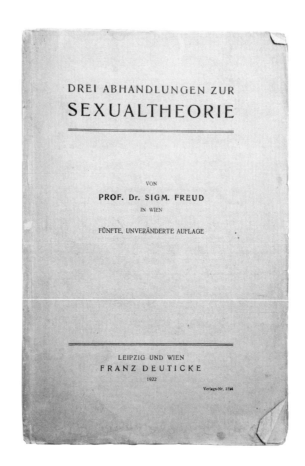

사진29 말리노브스키 문서함 속에 들어 있는 프로이트의 저서 *Sexualtheorie*(Freud 1922). 예일대학 스털링도서관 아카이브 소장.

역할을 수행하기에는 역부족이었을 것이라고 생각한다. 어지간한 충격요법이 아니면, 돌아보지도 않을 만큼 대공황기의 인간성은 거칠 대로 거칠어져 있었을 것이다.

　프로이트가 섹스를 야성^{野性}의 욕정^{欲情}으로 그렸다면, 말리노브스키는 섹스를 사랑의 관습^{慣習}으로 그렸다고 말할 수 있다. 일반인들에게는 야성의 욕정을 그린 것이 더 자극적이었으며, 결과적으로 대중적인 인기도도 더 높았던 것 같다.

　말리노브스키는 섹스라는 주제를 인류학적으로 접근해야만 하는 이유에 대한 변론으로써 다음과 같은 주장을 한다. 섹스는 단순한 생리학적 거래physiological transaction가 아니며, 섹스는 사랑love과 사랑 만들기love-making를 의미하는 것으로 혼인이나 가족과 같은 숭고한 제도의 핵^核이다. 섹스는 두 개인 간의 단순한 육체적인 관계라기보다는 오히려 사회적이고 문화적인 힘이다. 따라서 성교^{性交}라는 행위는 남녀간의 성적인 문제에 대한 고려에 있어서 가장 중요한 위상을 점하는 것으로 해석되어야 한다. 트로브리안드의 원주민들은 섹스를 쾌락의 원천으로써뿐만이 아니라, 참으로 진지한 것으로써 그리고 보다 더 심층적으로는 성^聖스러운 것으로 취급한다. 조잡한 물질적 사실들을 굉장한 영적 경험으로 전환시키는 섹스의 힘을 생각하며, 사랑의 낭만적 매력으로 사랑 만들기의 기교를 극복하는 섹스의 힘이 남태평양섬 사람들의 관습과 사상에 깃들어 있는 것으로 이해된다.

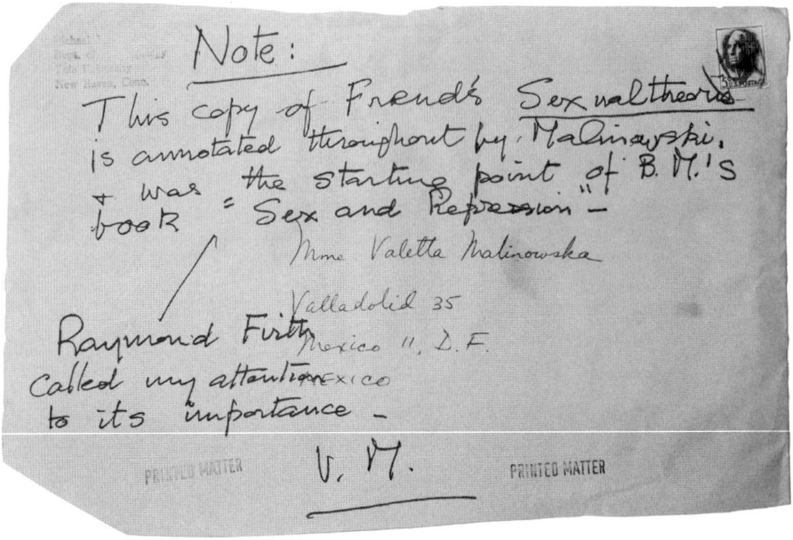

Note:

This copy of Freud's Sexual theories
is annotated throughout by Malinowski,
+ was the starting point of B. M.'s
book = "Sex and Repression" -
                Mme Valetta Malinowska
                    Valladolid 35
Raymond Firth   Mexico 11, D.F.
called my attention   MEXICO
to its importance -
                V. M.

PRINTED MATTER   PRINTED MATTER

사진30 V. M.(말리노브스키 부인의 이니셜)이 남긴 "노트"가 앞에 있는 프로이트 저서의 책갈피 속에 끼여 있다. 말리노브스키의 *Sex and Repression in Savage Society*(1927)를 저술하는 출발점이 프로이트의 저서란 내용이고, 말리노브스키가 남긴 프로이트 저서에 대한 주석에 대해서 레이먼드 퍼쓰가 지대한 관심을 나타냈다고 적었다.

트로브리안드의 공동체에서 섹스라는 제도는 야성의 욕정을 평생 사랑으로 익게 하고 개인적인 친화력으로 연결시킨다. 또한 어린이의 출현을 통하여 창조된 중첩적 연대감과 친밀도에 의하여 가족생활의 공동 목적과 관심을 강화하도록 한다. 감각적이고 관능적인 것과 낭만적인 것이 서로 엉키어 있는 속에서 지극히 개인적인 사건에서부터 출발하게 되는 폭넓고 무게 있는 사회학적 결과와 철학적인 미스테리와 시적인 매력이 한 덩어리를 이루고 있는 섹스라는 현상으로부터 인류학자는 사랑의 풍부함과 복합성을 주제로 하는 섹스인류학이라는 분야를 생각하게 되는 것이다.

말리노브스키는 개인적인 것으로부터 사회적인 것까지 연결되어 다양한 전체적인 삶의 모습을 다 보여줄 수 있다고 생각되는 섹스라는 주제에 대한 문제제기를 하고 있다. 프로이트는 그 부분을 모두 무의식이라는 경지로 몰아 넣었지만, 말리노브스키는 일상생활의 차원으로 섹스를 부각시키는 데 성공하고 있다. 이 주제에는 철학哲學도 시詩도 그리고 인류학人類學도 다 참여할 수 있는 무궁무진한 내용이 담겨 있다.

말리노브스키의 섹스론은 인류학이라는 학문의 지평이 소위 사회과학이라는 한정된 부분에만 구속되어 있는 것이 아니라는 선언인 셈이다. 삶이라는 것은 그 자체로써 지식이나 이론에만 국한될 수가 없는 것이며, 삶에 내재된 감정이란 문제에 대한 인식의 확산된 지평을 섹스론에서 제시하고 있는 말리노브스키의 입장은 앞으로 섹스인류학뿐만 아니라 인류학의 미래 방향을 제시하고 있다는 생각으로 연결되어야 한다. 시적 매력과 철학적 미스터리에 버금가는 인류학적 관심의 제고를 어떻게 표현해야 할 것인가? 이것이 바로 말리노브스키의 섹스론이고, 그의 인류학이다.

트로브리안드의 어린이들은 자유와 독립성이 강하며, 이것이 연장되어 성적인 부문까지 영향을 미치고 있다. 그래서 어린이들의 성교도 자연스럽게 이루어지고 있다. 동시에 어린이들은 항상 어른들의 성교행위 장면에 노출되어 있다. 부모의 성행위 시에 어린이는 고개를 돌리고 있도록 요구되거나 보자기를 둘러 쓰고 있도록 요구당하는 정도다. 즉 어른들의 성교는 어린이들에 의해서 거의 완전하게 관찰당하고 있는 셈이다. 어린이들에게도 어른들의 성행위에 관한 이야기들이 거의 다 이해되고 있다. 어린이들 사이에도 상호간에 성적인 정보를 많이 교환하며, 어린시절에 어린이들 사이에서 손이나 입으로 성기를 만짐으로써 즐겁게 해주는 방식으로 최초의 성행위를 경험하게 된다. 여자아이들은 4~5세부터 작은 풀 치마를 걸치게 되는데, 이 때가 바로 불완전한 형태로나마 성행위를 시작하는 시기다. 여자아이들이 진짜로 성행위를 시작하는 시기는 대체로 6~8세이고, 남자아이들의 경우는 10~12세부터라고 할 수 있다. 어린이들의 놀이는 주로 숲 속에서의 집짓기와 가족놀이인데, 이때 성교행위가 일어나며, 상대에게 작은 선물을 주기도 한다. 이러한 상황에서 중요한 점은 어린이들의 성행위(놀이)에 대해서 어떤 경우에도 어른들의 간섭이 없다는 현상이다.

　어린이가 성장하고 사춘기에 접어들면서, 가족집단의 부분적인 해체현상이 일어난다. 청소년으로 성장하면서, 그들은 부쿠마툴라bukumatula(청년집회소)로 거주지를 옮긴다. 남녀 사춘기의 두 성별 집단은 함께 소풍을 나가서 놀이를 하는데, 놀이의 중요한 부분이 성교性交이다. 어린이들의 성교는 숲 속에서 일종의 게임으로 이루어지지만, 사춘기의 성교는 주로 부쿠마툴라나 친척집 또는 수확 전의 빈 얌yam 창고 등에서 이루어진다. 이 때의 성교는 게임이 아니라 바로 열정passion의 범주에 속하는 것이다. 고정적인 성교 상대가 정해진 후에도 상호 구속적인 의무관계는 개입하지 않는다. 좀 더 진행되어서 규칙적인 동거와 개인적인 책임부가의 징조가 보이면(이런 경우에도 다른 상대와의 성교는 보장되어 있다), 한 단계 더 진전되어서 결혼을 위한 초기의 시험단계로 발전한다.

　한 쌍이 부쿠마툴라에서의 성교를 갖는 관계에 있는 한, 그 관계는 혼인이라는 단계가 아니다. 부쿠마툴라에서는 다만, 한 쌍은 침대와 성교를 공유하는 것일 뿐이며, 성교 시에 그곳에 있는 다른 쌍에게 방해를 하지 않아야 하는 정도의 노력밖에 없다. 부쿠마툴라에서는 전혀 음식을 먹는 행위가 일어나지 않는다. 이곳은 단지 법적인 구속요인이 결여된 성적인 동거장소의 기능만을 하는 곳이다.

　한 쌍이 음식을 같이 먹는 행위가 곧 바로 혼인으로 연결된다. 이성간에 밥을 함께 먹는다는 행위는 도덕적인 민감성을 엄청나게

흔들어 놓는 일이 된다. 트로브리안드에서 남녀 한 쌍이 함께 밥을 먹는 행위는 마치 우리나라에서 남녀 한 쌍이 성행위를 하는 현상과 동등한 수준으로 감지된다. 즉 트로브리안드에서 남녀가 함께 식사를 하는 모습이 공공장소에 노출되는 것은 우리 사회에서 남녀의 성교장면이 공공장소에 노출되는 것과 동일한 수준의 문제를 일으킬 수 있는 것이다.

트로브리안드에서의 성적 개방현상은 부도덕한 것으로 오해되어서는 안 된다는 것이 인류학자의 시각이다. 그러한 현상은 성에 관한 규범이 없는 것이 아니라 섹스에 관한 서구의 관행과는 다를 뿐이다. 성모랄에 관한 말리노브스키의 견해는 문화의 상대성相對性을 강조하는 수준에서 잘 이해되고 있다. "성적 충동이라는 것은 전혀 자유롭지도 않고, 사회적 강제에 전적으로 예속될 수 있는 것도 아니라는 사실을 기억해야 한다. 성적인 자유의 한계는 다양하게 나타날 수 있지만, 그러나 그것은 항상 생물·심리적 동기에 의해서 결정되는 범위내에 존재한다. 또한, 관습과 협약의 통제가 아주 중요하게 적용되는 범위내에 위치하는 것이다". 프로이트의 섹스론이 정신분석학에 입각한 무의식적인 것이었다면, 말리노브스키의 섹스론은 인류학을 기초로 한 생물문화적인 것이라고 말할 수 있다.

말리노브스키가 작고한 이래로 그의 인류학에 관한 많은 연구들이 출현하고 있지만, 어느 누구도 그의 섹스론에 대해서 확고한 입장을 갖고, 그의 섹스론에 관한 연구를 계승하고 있지 않는 것도 이상한 서구학계의 현실이다. 빅토리아시대의 금기가 아직도 잘 적용되고 있는 서구의 인류학계를 인식하게 된다.

　섹스라는 현상이 '모두가 하면서, 아무도 말하지 않는 것'(전경수 1998 참조)으로만 존재할 때, 우리 삶의 생동력은 물밑으로 숨어버리고, 표면에서 횡행하는 것은 포르노일 뿐이다. 결국 아무도 말하지 않는 상황에서 섹스는 곧 바로 포르노로 전락하고 마는 것이 우리 주변에서 벌어지고 있는 형상임을 직시할 때, 말리노브스키의 섹스론은 섹스인류학의 영역으로 발전되어야 할 당위성을 생각하게 된다. 마치 그의 원시경제론이 이후 경제인류학의 밑거름이 되었듯이.

참고문헌

전경수, 1994,『인류학과의 만남』, 서울: 서울대학교출판부.

_____ 1988,『브라질의 한국이민』, 서울: 서울대학교출판부.

_____ 1998, "에로스 인류학과 인류학 토착화",『성과 사회』, 오생근.윤혜준 편, 서울: 나남
출판. pp. 31-67. (1999, "'에로스'인류학과 인류학 토착화: 금기 파괴의 길로", 임희섭
편,『사회과학의 새로운 지평』, 서울: 나남출판. pp. 219-254와 필자의 저서 2000,『문
화시대의 문화학』, 서울: 일지사)에 재수록되었음.

_____ 2001, "말리노브스키의 문화이론: 맥락론에서 기능론으로,"『한국문화인류학』
34(1): 3-27.

_____ 2010a, "니시무라 신지의 역사주의 인류학과 문화인류학적 일본학,"『일본비평』
2(1): 268-315.

_____ 2010b,『손진태의 문화인류학』, 서울: 민속원.

_____ 2011, "'土俗學'에서 '民俗學'으로: 日本人類學史에 나타난 學名의 변천과 學問 正
體性,"『비교민속학』46: 179-225.

_____ 2015, "평양정권이 숙청한 인류학자 한흥수(韓興洙, 1909-?),"『근대서지』11:
390-465.

徐魯亞, 2005, "馬林諾斯基与英國小說家 約瑟夫·康拉德," 庄孔韶 主編,『滙聚學術情緣
—林耀華先生紀念文集』, 北京: 民族出版社, pp. 425-435.

全京秀, 2016, "伊能嘉矩の台湾研究に関する方法論的再検討,"『歴史と民俗』32: 215-
254.

原尻英樹, 2006,『フィールドワーク教育入門: コミュニケーション力の育成』, 東京: 玉川大
学出版部.

ネフスキー, 1927, "故シュテルンベルグ氏: 其小傳と著作,"『民族』3(1): 101-106.

西山輝昭, 2004, "あるドイツ人博物學者が見た1882年の「博物館」: 新発見のクバリ一氏
意見書から,"『名古屋大學博物館報告』20: 1-13.

山口 敏, 1988, "坪井正五郎: 總合人類學の先驅者," 綾部恒雄 編, 『文化人類學群像 3 - 日本編』, 京都: アカデミア出版會, pp. 9-23.

杉浦健一, 1933, "露西亞に於ける最近の民族學の傾向(一)," 『民俗學』 5(1): 11-15.

鈴木 治, 1943, "後記," 『ニューギニアの藝術(譯)』 奈良: 天理時報社.

伊能嘉矩, 1894, "科學的土俗研究の必要及び普通教育における關係," 『人類學雜誌』 102: 498-503.

石田幹之助, 1927, "シュテルンベルグ教授の訃," 『民族』 3(1): 95-100.

黒田乙吉, 1936, "死んだボゴラズ: 民俗學者タン," 『月刊ロシヤ』 14.

Berde, Stuart, 1983, "The Impact of Colonialism on the Economy of Panaeati," in Jerry W. Leach and Edmund Leach (eds.), *The Kula: New Perspectives on Massim Exchange*, Cambridge: Cambridge University Press, pp. 431-443.

Cook, Scott, 2017a, "Malinowski in Oaxaca: Implications of an Unfinished Project in Economic Anthropology, Part I," *Critique of Anthropology* 37(2): 132-159.

_____ 2017b, "Malinowski in Oaxaca: Implications of an Unfinished Project in Economic Anthropology, Part I," *Critique of Anthropology* 37(3): 220-243.

Duara, Prasenjit, 1995, *Rescuing History from the Nation: Questioning Narratives of Modern China*, Chicago: University of Chicago Press.

Dzikowski, Stanislaw, 1935, "Przyjaciele Dzikich Ludzi," *Antena* 2(1): 10.

Ellen, Roy, 1988, *Malinowski between Two Worlds: The Polish Roots of an Anthropological Tradition*. Cambridge: At the University Press

Fei, Hsiao-Tung, 1939, *Peasant Life in China: A Field Study of Country Life in the Yangtze Valley - With a Preface by Bronislaw Malinowski*, London: Routledge & Kegan Paul.

Firth, Raymond, 1957, "Introduction: Malinowski as Scientist and as Man," in Raymond Firth (ed.), *Man and Culture: An Evaluation of the Work of Malinowski*, London: Routledge & Kegan Paul, pp. 1-14.

Fortes, Meyer, 1953[1974], "Social Anthropology at Cambridge since 1900," in

Regna Darnell (ed.), *Readings in the History of Anthropology*, New York: Harper & Row, pp. 426-439.

Freud, Sigmund, 1922, *Drei Abhandlungen zu Sexualtheorie*, Leipzig & Wien: Franz Deuticke.

Galambos, Imre, 2008, "A Hungarian Visitor Among the Ainu," *Japanese Religions* 33(1/2): 55-74.

Geertz, Clifford, 1973, *The Interpretation of Cultures*, New York: Basic Books.

Graeber, David, 2001, *Toward an Anthropological Theory of Value*, New York: St. Martin.

Haddon, Alfred C., 1901-1908, *Reports of the Cambridge Anthropological Expedition to Torres Straits*, Cambridge: Cambridge University Press.

_____ 1905, "Preface," in *Reports of the Cambridge Anthropological Expedition to Torres Straits Vol. 1 (General Ethnography)*, Cambridge: Cambridge University Press, pp. xi-xiv.

Malinowski, Bronislaw, 1922[1961], *Argonauts of the Western Pacific: An Account of Native Enterprise and Adventure in the Archipelagoes of Melanesian Guinea*, New York: E. P. Dutton & Co. 본고를 작성하기 위해서 참고한 것은 1961년에 발행된 것이며, 본문의 인용 페이지수 번호도 1961년의 것에 준한 것임.

_____ 1926a[1966], *Crime and Custom in Savage Society*, Totowa: Littlefield, Adams & Co. 본고를 작성하기 위해서 참고한 것은 1966년에 발행된 것이며, 본문의 인용 페이지수 번호도 1966년의 것에 준한 것임.

_____ 1926b[1971], *Myth in Primitive Psychology*, Westport: Negro Universities Press. 본고를 작성하기 위해서 참고한 것은 1971년에 발행된 것이며, 본문의 인용 페이지수 번호도 1971년의 것에 준한 것임.

_____ 1929a, "Practical Anthropology," *Africa* 2(1): 22-38.

_____ 1929b, *The Sexual Life of Savages in North-Western Melanesia: An Ethnographic Account of Courtship, Marriage and Family Life among the Natives of the Trobriand*

Islands, British New Guinea, New York: Liveright.

――― 1934, "Introduction," in H. Ian Hogbin, *Law and Order in Polynesia*, London: Christopher, pp. xvii–lxxii.

――― 1935[1978], *Coral Gardens and Their Magic: A Study of the Methods of Tilling the Soil and of Agricultural Rites in the Trobriand Islands*, New York: Dover Publications. 원래 이 책은 1935년에 두 권으로 발행된 것을 1978년에 두 권을 한 묶음으로 발행하였음. 본고를 작성하기 위해서 참고한 것은 1978년에 발행된 것이며, 본문의 인용 페이지수 번호도 1978년의 것에 준한 것임.

――― 1944[1960], *A Scientific Theory of Culture and Other Essays*, New York: Oxford University Press. 본고를 작성하기 위해서 참고한 것은 1960년에 발행된 것이다.

――― 1967, *A Diary in the Strict Sense of the Term*, New York: Vintage.

Marett, Robert R., 1922[1997], "Preface," in Janet B. Montgomery-McGovern, *Among the Head-Hunters of Formosa*, Taipei: SMC Publishing, pp. 1–14.

Miklouho-Maclay, Nikolai, 1982, *Travels to New Guinea*, Moskow: Progress Publishers. (畑中幸子/田村ひろ子 譯, 1989, 『ニューギニア紀行: 19世紀ロシア人類學者の記録』, 東京: 平凡社.)

――― 2014, *Неизвестный Миклухо-Маклай (Unknown Miklouho-Maclay)*, in O. V. Karimov (ed.), Русская разветка: Кучково поле.

Mintz, Sidney W., 1985, *Sweetness and Power: The Place of Sugar in Modern History*, New York: Viking.

Montgomery-McGovern, Janet B., 1922[1997], *Among the Head-Hunters of Formosa*, Taipei: SMC Publishing.

Morris, Brian, 2015, *Anthropology, Ecology, and Anarchism: A Brian Morris Reader*, Oakland: PM Press.

――― 2018, *Kropotkin: The Politics of Community*, Oakland: PM Press.

Paszkowski, Lech, 1971, "John Stanislaw Kubary: Naturalist and Ethnographer of the Pacific Islands," Proceedings of *the Royal Zoological Society of New South Wales*

194

16(2): 43-70.

Pike, Kenneth L., 1967, *Language in Relation to a Unified Theory of the Structure of Human Behavior*, The Hague: Mouton.

Richards, Audrey I., 1957 "The Concept of Culture in Malinowski's Work," in Raymond Firth (ed.), *Man and Culture: An Evaluation of the Work of Malinowski*, London: Routledge & Kegan Paul. pp. 15-31.

Seligman, Charles G., 1910, *The Melanesians of British New Guinea*, Cambridge: Cambridge University Press.

Specht, Jim, and John Fields, 1984, *Frank Hurley in Papua: Photographs of the 1920-1923 Expeditions*, Melbourne: Robert Brown and Associates.

Stagl, Justin, 1998, "Rationalism and Irrationalism in Early German Ethnology: The Controversy between Schlözer and Herder, 1772/73," *Anthropos* 93: 521-536.

Stocking, George W., Jr., 1983, "The Ethnographer's Magic: Fieldwork in British Anthropology from Tylor to Malinowski," in George W. Stocking (ed.), *Observers Observed: Essays on Ethnographic Fieldwork*, Madison: University of Wisconsin Press, pp. 70-120.

――― 1991, "Maclay, Kubary, Malinowski: Archetypes from the Dreamtime of Anthropology," in George W. Stocking (ed.), *Colonial Situations: Essays on the Contextualization of Ethnographic Knowledge*, Madison: University of Wisconsin Press, pp. 9-74.

Tumarkin, Daniel, 1982, "Miklouho-Maclay: 19th Century Russian Anthropologist and Humanist," *RAIN* 51: 4-7.

Watters, David, 2011, *Stitches in Time: Two Centuries of Surgery in Papua New Guinea*, Bloomington: Xlibris Corporation.

Weiner, Annette B., 1988, *The Trobrianders of Papua New Guinea*, Orlando: Harcourt Brace Jovanovich.

Young, Michael W., 1988, *Malinowski among the Magi: The Natives of Mailu*, London: Routledge.

⎯⎯ 1998, *Malinowski's Kiriwina: Fieldwork Photography 1915-1918*, Chicago: University of Chicago Press.

⎯⎯ 2004, *Malinowski: Odyssey of an Anthropologist, 1884-1920*, New Haven: Yale University Press.

Znamenski, Andrei A., 2007, *The Beauty of the Primitive: Shamanism and Western Imagination*, New York: Oxford University Press.

부록1 브로니슬라브 말리노브스키 연보

1884.4.7.   폴란드의 크라쿠프(당시 오스트리아헝가리제국령)에서 출생. 아버지는 야기엘로니아대학Uniwersytet Jagielloński의 슬라브문헌학 교수인 루시얀 말리노브스키Lucjan Malinowski(1839~1898), 어머니는 조제파 말리노브스카Jozefa Malinowska(1848~1918, 결혼 전 성은 라카Lacka). 브로니오 Bronio 혹은 브로넥Bronek이라는 애칭으로 불림.

1898   아버지 사망.

1902   야기엘로니아대학에서 철학, 물리학, 수학 공부 시작.

1908   야기엘로니아대학 박사 학위 취득. 졸업논문은 "사고思考 경제의 원리에 대하여On the Principle of the Economy of Thought" 졸업 후 건강이 악화되자 의사의 권고로 휴식. 프레이저의 『금지金枝Golden Bough』를 읽고 인류학으로 전향하기로 결심.

1909~1910   세 학기 동안 독일 라이프치히대학에서 분트Wilhelm Wundt의 민족심리학, 뷔허Karl Bücher 역사경제학 등을 배움.

1910   영국으로 이주하여 LSE에서 인류학자 셀리그만C. G. Seligman과 사회학자 웨스터마크Edward A. Westermarck의 지도를 받음.

1913   『호주 원주민의 가족The Family among the Australian Aborigines』 출간.

1914   호주에 방문했을 때 1차 세계대전 발발. 적국 외인으로 분류되었으

나 학계의 도움으로 뉴기니 동남부 마일루Mailu 섬에서 체류하며 야 연하기 시작.

1915   『마일루의 원주민*The Natives of Mailu*』 출간.

1915. 6.~1916. 2.   트로브리안드Trobriand 제도에서 첫번째 야연.

1916   1913년과 1915년의 저서를 충족 요건으로 하여 런던대학 과학박사 학위 취득.

1917. 10.~1918. 10. 트로브리안드 제도에서 두번째 야연.

1919   엘시 로잘린 매슨Elsie Rosaline Masson과 결혼.

1922   『서태평양의 항해자*Argonauts of the Western Pacific*』 출간.

1924   LSE 사회인류학 강사Reader로 취임.

1926   6개월간 록펠러재단의 지원을 받아 미국에 체류.『미개 사회의 범죄 와 관습*Crime and Custom in Savage Society*』 출간.『원시심리학의 신화*Myth in Primitive Psychology*』 출간.

1927   LSE 사회인류학 정교수Professor로 취임.『미개 사회의 성과 억압*Sex and Repression in Savage Society*』 출간.

1929   『북서부 멜라네시아 미개인의 성생활*The Sexual Life of Savages in Northwestern Melanesia*』 출간.

1931	영국 시민권 취득.
1933	미국 코넬대학교에서 강의.
1934	식민주의 문화변동 연구를 위해 아프리카 방문.
1935	아내 사망.
1935	『산호섬의 경작지와 주술Coral Gardens and Their Magic』 출간.
1936	하바드대학에서 명예박사 학위를 받음.
1938	미국으로 안식년을 떠남.
1939	2차 세계대전의 발발과 함께 미국에 계속 거주하기로 결정. 예일 대학 방문교수로 취임.
1940	발레타 스와나Valetta Swanna와 재혼.
1940~1941	여름 동안 멕시코에서 자포텍Zapotec 인디언의 농민 시장 야연.
1942	예일대학 인류학 교수로 취임. 미국의 폴란드 예술과학연구소Polish Institute of Arts and Sciences of America를 공동으로 설립. 심장병으로 뉴헤이븐 자택에서 사망(5월 16일)
1944	『자유와 문명Freedom and Civilization』 출간. 『문화의 과학적 이론 및 여타의 에세이들A Scientific Theory of Culture and Others Essays』 출간.

1945	『문화변동의 동학*The Dynamics of Culture Change*』 출간.
1962	『성, 문화, 신화*Sex, Culture, and Myth*』 출간.
1967	『엄격한 의미에서의 일기*A Diary in the Strict Sense of the Term*』 출간.

영미권에서 발간한 그의 주요 전기 목록은 아래와 같다

Ellen, Roy, Ernest Gellner, Grazyna Kubica, and Janusz Mucha (eds.), 1988, *Malinowski between Two Worlds: The Polish Roots of an Anthropological Tradition*, Cambridge: Cambridge University Press.

Firth, Raymond (ed.), 1957, *Man and Culture: An Evaluation of the Work of Bronislaw Malinowski*, London: Routledge and Kegan Paul.

Kuper, Adam, 1996, "Malinowski," in Adam Kuper, *Anthropology and Anthropologists: The Modern British School*, 3rd Edition, London: Routledge and Kegan Paul, pp. 1–34.

Murdock, George Peter, 1943, "Bronislaw Malinowski," *American Anthropologist* 45(3): 441–451.

Stocking, George W., Jr., 1995, "From Fieldwork to Functionalism: Malinowski and the Emergence of British Social Anthropology," in George W. Stocking Jr., *After Tylor: British Social Anthropology, 1888–1951*, Madison: University of Wisconsin Press. pp. 233–297.

Thornton, Robert J., and Peter Skalnik (eds.), 1993, *The Erly Writings of Bronislaw Malinowski*, Cambridge: Cambridge University Press.

Urry, James, 2004, "Malinowski, Bronislaw Kasper (1884–1942), Anthropologist," in H. C. G. Matthew and Brian Harrison (eds.), *Oxford Dictionary of National Biography*, Vol. 36, Oxford: Oxford University Press.

Wayne, Helena (Malinowska), 1985, "Bronislaw Malinowski: The Influence of Various Women on His Life and Works," *American Ethnologist* 12(3): 529–540.

Young, Michael W., 2004, *Malinowski: Odyssey of an Anthropologist, 1884–1920*, New Haven: Yale University Press.

부록2 말리노브스키의 출판목록*

I. 출판목록(1910~1942)

1910a 'On the Principle of the Economy of Thought'(originally in Polish. "O zasadzie ekonomii myslenia". Ph.D. dissertation, Jagiellonia University)(Thornston & Skalnik 1993: 89-115).

1910b 'Religion and Magic: The Golden Bough'(original handwritten in Polish) (Thornston & Skalnik 1993: 117-122).

1910c J. Matthew, *Two Representative Tribes of Queensland. Man*, 10, 139-40 (review).

1911a 'Totemizm i egzogamia (Z powodu książki J.G. Frazera, D.C.L., L.L.D., F.B.A.: Totemism and exogamy. 4 vols. London 1910a)', Część I, *Lud*, 17, 31-56. Part I of an extensive critical discussion of Frazer's book (see also 1912a and 1913b).

1911b G.C. Wheeler, *The Tribal and Intertribal Relations in Australia. Man*, 11, 25-8 (review).

1911c L. Niederle, *La Race Slave. Man*, 11, 64 (review).

1911d *Lud*: Kwartalnik Etnograficzny (*Lud*: Ethnographical Quarterly), vol. 16, no. 1. *Folk-Lore*, 22, 382-5(review).

1912a 'Totemizm i egzogamia (Z powodu książki J.G. Frazera...)', Cręść II *Lud*, 18, 14-57 (see also 1911a and 1913b).

1912b 'The Economic aspect of the Intichiuma ceremonies' in *Festskrift tillegnad*

---

* 이 목록은 시몬스시모놀레비츠 Konstantin Symons-Symonolewicz의 1956년 박사학위 논문에 부록으로 실린 것으로 그라지나 쿠비카 GraĐyna Kubica에 의해 개정된 것이다. 이 목록은 로이 엘렌 Roy Ellen 등 이 편집, 발간한 *Malinowski between Two Worlds: The Polish Roots of an Anthropological Tradition*(1988, Cambridge: At the University Press)에서 확인할 수 있다.

Edvard Westermarck i Anledning av hans femtiodrsdag den 20 November 1912.
Helsingfors: Simelli, pp.81-108.

1912c 'Plemienne związki mężczyzn w Australii', *Sprawozdania z Czynności i Posiedzeń Akademii Umiejętności w Krakowie*, 17 (3), 5-13 (extensive summary of the lecture presented at a meeting of the Academy of Sciences in Cracow).

1912d 'Tribal male associations of the Australian aborigines', *Buletin International de l'Académie des Sciences de Cracovie. Classe de Philologie. Classe d'Histoire et de Philosophie, nos. 4-6, 56-63.* (translation into English of 1912c).

1912e W. Schmidt, *Grundlinien einer Vergleichung der Religionen und Mythologien der Austrenesischen Völker and Die Mythologie der Austronesischen Völker. Folk-Lore*, 23, 141-3 (review).

1913a *The Family among the Australian Aborigines: A Sociological Study.* London: University of London Press. pp. xv, 326 (see 1963a).

1913b 'Totemizm I egzogamia (z powodu książki J. G. Frazera...)', Część III, *Lud*, 19, 153-71 (see also 1911a and 1912a).

1913c 'Stosunek wierzeń pierwotnych do form organięzacji społecznej, teorya totemizmu', Kraków: *Sprawozdania z Czynności i Posiedzeń Akademii Umiejętności*,18 (8), 9-18 (extensive summary of a lecture presented at a meeting of the Academy of Sciences in Cracow).

1913d B. Spencer and F. J. Gillen, *Across Australia. Folk-Lore*, 24, 278-9 (review).

1913e E. Durkheim, Les formes élémentaires de la vie religieuse. *Folk-Lore*, 24, 525-31 (review, reprinted in 1962a).

1914a 'A fundamental problem of religious sociology', *Report of the British Association for the Advancement of Science*, 84, 534-5 (summary of a lecture given at the University of Sydney; reprinted in 1962a).

1914b 'Sociologie de Familie', *Die Geisteswissenschaften*, 1 (1913/1914), 32, 883-6; 33, 911-14; 39, 1080-2.

1914c H. Webster, Rest Days. *Man*, 14, 46 (review).

1914d Neophilosophos Tis, *Der Mensch und seine Kultur*. Man, 14, 88 (review).

1914e E. Müller-Lyer, *Phasen der Liebe. Die Geisteswissenschaften*, 1 (1913/1914), 27, 751 (review).

1915a *Wierzenia pierwotne i formy ustroju społecznego. Pogląd na genezę religii ze szczególnym uwzględnieniem totemizmu.* (Primitive beliefs and forms of social structure. The problem of the genesis of religion with particular reference to totemism). Kraków: Akademia Umiejetności. Pp. vii, 356.

1915b 'The natives of Mailu: preliminary results of the Robert Mond research work in British New Guinea', *Transactions and Proceedings of the Royal Society of South Australia*, 39, 494-706.

1916a 'Baloma: the spirits of the dead in the Trobriand Islands', *The Journal of the Royal Anthropological Institute of Great Britain and Ireland*, 46, 353-430 (reprinted in 1948a and 1954a).

1918a 'Fishing in the Trobriand Islands', *Man*, 18, 87-92.

1918b 'Evidence by Bronislaw Malinowski on Pacific labour conditions, 27 October 1918, Parliament of the Commonwealth of Australia', *British and Australian Trade in the South Pacific*. Report no. 66.

1920a 'War and weapons among the natives of the Trobriand Islands', *Man*, 20, (5), 10-12.

1920b 'Kula: the circulating exchange of valuables in the archipelagoes of eastern New Guinea', *Man*, 20, 97-105.

1920c 'Spirit Children' in *Encyclopaedia of Religion and Ethics*, vol. 11, ed. by Hastings. Edinburgh: T. and T. Clark, pp. 803-5.

1921a 'The primitive economics of the Trobriand Islanders', *The Economic Journal*, 31 no. 121, 1-16.

1921b 'Classificatory particles in the language of Kiriwina', *Buletin of the School of Oriental and African Studies*, 1 (4), 33-78.

1921c W. McDougall, *The Group Mind. Man*, 21, 106-9 (review).

1922a *Argonauts of the Western Pacific: An Account of Native Enterprise and Adventure in the Archipelagoes of Melanesian New Guinea*. With a Preface by Sir J. G. Frazer. London: G. Routledge - New York: E. P. Dutton. Pp. xxxii, 527 (a paperback reprint in 1961).

1922b 'Ethnology and the study of society', *Economica*, 2, 208-19.

1922c E. Westermarck, *The History of Human Marriage. Nature*, 109 (2738), 126-30 (review; the title reads: 'Sexual life and marriage among primitive mankind'; reprinted in 1962a).

1923a 'The problem of meaning in primitive language' in *The Meaning of Meaning* by C.K. Ogden and I. A. Richards. London: Kegan Paul, Supplement 1, 451-510 (reprinted in 1948a).

1923b 'The psychology of sex and the foundation of kinship in primitive societies', *Psyche*, 4, 98-128 (incorporated later in 1927b and 1929a).

1923c J. G. Frazer, *The Golden Bough. Nature*, 111, 658-62 (review; the title reads: 'Science and superstition of primitive mankind'; reprinted in 1962a).

1923d P. Hinneberg, *Die Kultur der Gegenwart. Nature*, 112, 314-17 (review; the title reads: 'The unity of anthropology').

1923e 'Psychoanalysis and anthropology', *Nature*, 112 (2818), 650-1 (letter to the Editor; reprinted in 1962a).

1924a 'Psychoanalysis and anthropology', *Psyche*, 4, 293-332 (incorporated later in 1927a).

1924b 'Mutterrechtliche Familie und Oedipus-Komplex. Eine psychoanalytische Studie', *Imago*, 10, 228-76, and a separate edition: Leipzig-Wien-Zürich: Internationaler Psychoanalytischer Verlag (a translation of 1924a, reprinted in 1949a).

1924c 'Man's primeval pacificism: II. Ancient and modern warfare', *The New Leader*, 9 May 1923, p. 10.

1924d W. J. Perry, *The Children of the Sun*. *Nature*, 113, 299-301 (review; the title reads: 'New and old anthropology').

1924e J.G. Frazer, *Folklore in the Old Testament*. *Nature*, 113, 633-4 (review; the title reads: 'The deeper criticism of the Bible', reprinted in 1962a).

1924f A. Forel, *La Monde Social des Fourmis comparé à celui de l'Homme*. *Nature*, 114, 79-82 (review; the title reads: 'Instinct and culture in human and animal societies').

1924g E. Schweidland, *Volkswirtschaftslehre*. *Economica*, 4, 229-30 (review).

1924h 'Biology and sociology', *Nature*, 114, 274-5 (letter to the Editor).

1925a 'Magic, science and religion' in *Science, Religion and Reality*, ed. by J. Needham. New York: Macmillan, pp. 19-84 (reprinted in 1948a and 1954a).

1925b 'The forces of law and order in a primitive community'. *Proceedings of the Royal Institute of Great Britain*, 24, 529-47 (incorporated later in 1926a).

1925c 'Complex and myth in mother right', *Psyche*, 5, 194-216 (incorporated later in 1927a).

1925d 'Forschungen in einer mutterrechtlichen Gemeinschaft auf den Trobriand-Inseln, östlich von Neu-Guinea, Südsee', *Zeitschrift für Völkerpsychologie und Soziologie*, 1, 45-52 and 278-84 (incorporated later in 1929a).

1925e *The History of Civilization Series*. *Nature*, 116, 38-41 (review; the title reads: 'The unity of social science').

1925f E. S. Hartland, *Primitive Law*. *Nature*, 116, 230-5 (review; incorporated later in 1926a).

1925g L. H. D. Buxton, *Primitive labour*. *Nature*, 116, 925-30 (review; the title reads: 'Labour and primitive economics').

1925h R. W. Williamson, *The Social and Political System of Central Polynesia*. *The New Statesman*, 25, 258-60 (review; the title reads: 'Polynesia revived').

1926a *Crime and Custom in Savage Society*. London: Kegan Paul - New York: Harcourt, Brace. Pp. xii, 129 (later reprints).

1926b *Myth in Primitive Psychology*. (Psyche Miniatures). London: Kegan Paul - New York: Norton. Pp. 128 (reprinted in 1932a, 1948a and 1954a).

1926c Foreword to In *Unknown New Guinea* by W. J. V. Saville. London: Seeley Service, pp. 7-11.

1926d 'Primitive law and order', *Nature*, 117, Supplement, pp. 9-16 (incorporated in 1926a).

1926e 'The role of myth in life', *Psyche*, 6 (4), 29-39 (incorporated in 1926b).

1926f 'Anthropology', *Encyclopaedia Britannica*, 13th edition, Supplement 1, pp. 131-40 (reprinted in 1929c).

1926g 'The life of culture', *Forum*, 76 (2), 178-86 (reprinted in 1926h and 1927c).

1926h 'The life of culture', *Psyche*, 7 (2), 37-44 (same as 1926g and 1927c).

1926i 'Address on anthropology and social hygiene' in *Foundations of Social Hygiene*. London: The British Social Hygiene Council, pp. 54-84.

1926j 'The Papuo-Melanesians', *The Australian Encyclopedia*. Sydney: Angus and Robertson, 2, 260-2.

1926k A. Machin, *The Ascent of Man by Means of Natural Selection. Nature*, 118, 506-9 (review; the title reads: 'Antifundamentalism').

1926l 'Anthropology and administration', *Nature*, 118, 768 (letter to the Editor).

1927a *Sex and Repression is Savage Society*. London: Kegan Paul–New York: Harcourt, Brace. Pp. xv, 285 (reprinted in a paper-back edition in 1953).

1927b *The Father in Primitive Psychology* (Psyche Miniatures). London: Kegan Paul - New York: Norton. Pp. 93.

1927c 'The life of culture' in *Culture: the Diffusion Controversy* by G. E. Smith, B. Malinowski, H. J. Spinden, A. Goldenweiser. New York: Norton, pp. 26-46 (see 1926g and 1926h).

1927d 'Pre-nuptial intercourse between the sexes in the Trobriand Islands, Northwestern Melanesia', *Psychoanalytic Review*, 14, 20-36 (incorporated in 1929a).

1927e 'Lunar and seasonal calendar in the Trobriands', *The Journal of the Royal Anthropological Institute of Great Britain and Ireland*, 57, 203-15.

1927f S.H. Ray, *A Comparative Study of the Melanesian Island Languages. Man*, 27, 155-7 (review).

1927g E. Westermarck, *Ritual and Belief in Morocco. Nature*, 120, 867-8 (review; the title reads: 'Anthropology of the westernmost Orient').

1927h R. Briffault, *The Mothers. The New Statesman*, 29, 652-3 (review).

1927i E. Pittard, *Race and History. The New Republic*, 50 (641), 109-11 (review; the title reads: 'Useful and useless anthropology').

1928a 'The anthropological study of sex', *Verhandlungen des I. Internationalen Kongressen für Sexualforschung*, rediegert von M. Marcuse. Berlin und Köln: A. Marcus and E. Weber, 5, 92-108.

1928b U. Holmberg, *The Mythology of All Races*, vol. IV. *The Saturday Review of Literature*, 4 (37), 738-9 (review; the title reads: 'The life of myth'; reprinted in 1962a).

1928c R. Briffault, *The Mothers and E. Crawley, The Mystic Rose. Nature*, 121 (3039), 126-30 (review; the title reads: 'Primitive marriage and kinship'; reprinted in 1962a).

1929a *The Sexual Life of Savages in Northwestern Melanesia: An Ethnographic Account of Courtship, Marriage and Family Life Among the Natives of the Trobriand Islands, British New Guine*a. With a Preface by Havelock Ellis. London: Routledge - New York: Liveright. Pp. xxiv, 506.

1929b *Das Geschletsleben der Wilden in Nordwest-Melanesien*. Leipzig: Grethlein (a translation of 1929a).

1929c 'Social anthropology', *Encyclopaedia Britannica*, 14th edition, 20, 862-70 (a reprint of 1926f).

1929d 'Kinship', *Encyclopaedia Britannica*, 14th edition, 13, 403-9 (reprinted in

1962a).

1929e 'Marriage', *Encyclopaedia Britannica*, 14th edition, 14, 940-50 (reprinted in 1962a).

1929f 'Practical anthropology', *Africa*, 2 (1), 22-38.

1929g 'Spirit hunting in the South Seas', *The Realist*, 2, 398-417.

1929h *The Report of the Commission on Closer Union of the Dependencies in Eastern and Central Africa*. *Africa*, 2, 317-20 (review).

1929i G. Landtman, *The Kiwai Papuans of British New Guinea*. *Folklore*, 40, 109-12 (review).

1930a 'Parenthood, the basis of social structure' in *The New Generation*, ed. by V. F. Calverton and S. D. Schamlhausen. New York: The Macauley Co. pp. 111-68 (reprinted in 1962a).

1930b 'Kinship', *Man*, 30, 19-29 (reprinted in 1962a).

1930c 'Zagadnienie pokrewieństwa w świetle najnowszych badań' (The problem of kinship in the light of the most recent research), *Przegląd Socjologiczny*, 1, 17-31 (a translation of 1930b).

1930d 'The rationalization of anthropology and administration', *Africa*, 3 (4), 405-29.

1930e 'Race and labour', *The Listener*, 4, Supplement no. 8.

1930f 'Science and religion', *The Listener*, 4, no. 94, 683-4 and 716-17 (BBC lecture, reprinted in 1962a).

1930g The Student Christian Movement, *East Africa in Transition*. *Africa*, 3, 127 (review).

1930h J. G. Frazer, ed., *Publii Ovidii Nasonis Fastorum Libri Sex*. *Nature*, 125, 847-9 (review; the title reads: 'Is humanism dead?').

1931a Introduction to *The Primitive Mind and Modern Civilization* by C. R. Aldrich. London: Kegan Paul – New York: Harcourt, Brace, pp. xi-xiii.

1931b 'Science and religion', *Science and Religion: a Symposium*. London: The Listener, pp. 65-81 (a reprint of 1930f).

1931c 'The relations between the sexes in tribal life' in *The Making of Man: An Outline of Anthropology*, ed. by V. F. Calverton. New York: Modern Library, pp. 565-85 (reprinted from 1929a).

1931d 'Culture', *Encyclopaedia of the Social Sciences*, 4, 621-45.

1931e 'Havelock Ellis', *Birth Control Review*, 15, 77-8 (reprinted in 1962a).

1931f 'A plea for and effective colour bar', *Spectator*, 146, 999-1001.

1931g 'The present crisis in marriage', *The Listener*, 5, 7-8 (reprinted in 1956a).

1931h 'What is a Family?', *The Listener*, 5, 92-4 (reprinted in 1956a).

1931i 'Marriage as a religious intitution', *The Listener*, 5, 181-2 (reprinted in 1956a).

1931j 'Personal problems', *The Listener*, 5, 238-9 (reprinted in 1956a).

1931k E. Torday, *African Races. Nature*, 127, 655-7 (review: the title reads: 'African Races'), and in *The New Statesman and Nation*, 1, 116-18 (review; the title reads: 'Native Africa in a nutshell').

1932a *The Sexual Life of Savages in Northwestern Melanesia*. With a Preface by H. Ellis. 3rd edition with a special Foreword. London: Routledge (later reprints).

1932b *Życie seksualne dzikich w północno-zachodniej Melanezji*. Warszawa: J. Przeworski (a translation of 1932a, reprinted in 1957).

1932c 'Myth in primitive psychology' in *The Frazer Lectures, 1922-1932*, ed. by W, H. Dawson. London: Macmillan, pp. 66-119 (reprinted from 1926b).

1932d Introduction to *The Sorcerers of Dobu* by R. F. Fortune. London: Routledge – New York: Dutton, pp. xv-xxviii.

1932e Introduction to *Hunger and Work in a Savage Tribe* by A. I. Richards. London: Routledge, pp. ix-xvi.

1932f 'Pigs, Papuans and police court perspective', *Man*, 32, 33-8.

1933a 'The work and magic of prosperity in the Trobriand Islands', *Mensch en*

Maatschappij, 9, 154-74 (incorporated, in part, in 1935a).

1934a *Introduction to Law and Order in Polynesia* by H. I. Hogbin. London: Christophers – New York: Harcourt, Brace, pp. xvii-lxxii.

1934b 'Stone implements in eastern New Guinea' in *Essays Presented to C. Seligman*, ed. by E. E. Evans-Pritchard, R. Firth, B. Malinowski and I. Schapera. London: Kegan Paul, pp. 189-96.

1934c 'The family, past and present', *The New Era*, 15, 203-6 (reprinted in 1962a).

1935a *Coral Gardens and Their Magic. A Study of the Methods of Tilling the Soil and of Agricultural Rites in the Trobriand Islands*. Vol. 1: *The Description of Gardening;* vol. 2: *The Language of Magic and Gardening*. New York: American Book Co.– London: Allen & Unwin (reprinted by the Indiana University Press in 1965).

1935b Preface to *The Cassubian Civilisation* by F. Lorentz, A. Fischer and T. Lehr-Spławiński. London: Faber, pp. v-xii.

1935c Letter to Dr. Marie Stopes, *Birth Control News*, 13,107.

1936a *The Foundations of Faith and Morals. An Anthropological Analysis of Primitive Beliefs and Conduct with Special Reference to the Fundamental Problems of Religion and Ethics*. London: Oxford University Press. Pp. xi, 62 (reprinted in 1962a).

1936b Preface to *We, the Tikopia* by R. Firth. London: Allen & Unwin, pp. vii-xi.

1936c Introduction to *Koczownictwo: Studia nad nomadyzmem i nad wpływami tegoż na społeczeństwo, ustrój i prawo* (Studies in nomadism and its influence on society, social structure and law) by F. Gross. Warszawa: Kasa im. Mianowskiego, pp. xi-xiii (the title page and Malinowski's introduction are given both in Polish and in English; the book also contains a summary in English).

1936d 'Culture as a determinant of behaviour', *Scientific Monthly*, 43, 440-9 (a lecture given on the occasion of his receiving an honorary degree from Harvard University; reprinted in 1937c, 1937d and 1962a).

1936e 'Native education and culture contact', *The international Review of Missions*,

25, 480-515 (incorporated later, in part, into 1943a).

1936f 'The deadly issue', *Atlantic Monthly*, 158, 659-69.

1936g S. Y. Ntara, *Man of Africa* and I. Schapera, ed., *Western Civilization and the Natives of South Africa*. *The International Review of Missions*, 25, 401-7 (review; the title reads: 'Whither Africa?').

1936h 'Primitive law', *Man*, 36, 55-6 (Letter to the Editor).

1937a Foreword to *Coming into Being Among the Australian Aborigines* by M. F. A. Montagu. London: Routledge, pp. xix-xxxv.

1937b Introduction to *The Savage Hits Back* by J. E. Lips. New Haven: Yale University Press, pp. vii-ix.

1937c 'Culture as a determinant of behaviour' in *Factors Determining Human Behaviour* by E. D. Adrian and others. Cambridge, Massachusetts: Harvard University Press (Harvard Tercentenary Publications), pp. 133-68 (same as 1936d).

1937d 'Anthropology as the basis of social science' in *Human Affairs*, ed. by R. B. Cattell and others. New York: Macmillan, pp. 199-252 (same as 1936d and 1937c, with an introduction added: reprinted in 1962a).

1937e 'Kultura jako wyznacznik zachowania się', *Ruch Prawniczy, Ekonomiczny i Socjologczny*, 17, 101-27 (a translation of 1937c).

1937f 'Śmiertelny problemat', *Marcholt*, 3, no. 4, 429-51 (a translation of 1936f).

1937g M. M. Lewis, *Infant Speech*. *Nature*, 140, 172-3 (review; the title reads: 'The dilemma of contemporary linguistics').

1938a 'Przedmowa do polskiego wydania' (Preface to the Polish edition), pp. xiii-xiv. In *Życie seksualne dzikich w północnozachodniej Melanezji. Miłość, małżeństwo i życie rodzinne u krajowców z Wysp Trobrianda Brytyjskiej Nowej Gwinei*. Translated by Józef Chałsiński and Andrzej Waligórski. Warszawa: Wydawnictwo J. Przeworskiego.

1938b Introduction to *Facing Mount Kenya* by J. Kenyatta. London: Secker and

Warburg, pp. vii-xiv.

1938c 'Anthropology', *Encyclopaedia Britannica Book of the Year*, pp. 46-7.

1938d 'Introductory essay on the anthropology of changing African cultures' in *Methods of Study of Culture Contact in Africa*. London: International Institute of African Languages and Cultures, Memorandum 15, pp. vii-xxxviii (incorporated, in part, into 1945a).

1938e 'A nation-wide intelligence service' in *First Year's Work: 1937/1938* by Mass-Observation, ed. by C. Madge and T. Harrison. London: Lindsay Drummond, pp. 83-121.

1938f 'Culture change in theory and practice' in *Oxford University Summer School on Colonial Administration, Second Session: 27 June-8 July, 1938*, pp. 71-5.

1938g 'Prawo i zwyczaj', *Przegląd Socjologiczny*, 6 (1-2), 1-50 (a translation of 1934a).

1938h 'Zwyczaj i zbrodnia w społeczności dzikich', *Przegląd Socjologiczny*, 6 (3-4), 307-80 (a translation of 1926a).

1938i J. G. Frazer, *Totemica. Nature*, 141, 489-91 (review; the title reads: 'Frazer on totemism'; reprinted in 1962a).

1938j G. Landtman, *The Origin of the Inequality of the Social Classes. Nature*, 142, 687-8 (review; the title reads: 'Foundations of human inequality').

1939a *Prawo, zwyczaj, zbrodnia w społeczności dzikich*. Z przedmową C. Znamierowskiego (Law, custom and crime in savage society. With a Preface by C. Znamierowski). Warszawa Poznan: Polski Instytut Socjologiczny. Pp. xii, 128 (a translation of 1926a and 1934a).

1939b Foreword to *Human Nature Writ Large* by F. Creedy. Chapel Hill, N.C.: The University of North Carolina Press, pp. i-ii.

1939c 'The group and the individual in functional analysis', *The American Journal of Sociology*, 44 (6), 938-64 (reprinted in 1962a).

1939d 'The present state of studies in culture contact: some comments on an

American approach', *Africa*, 12 (1), 27-47 (incorporated, in part, in 1945a).

1939e 'The dynamics of contemporary diffusion: a summary', *Congrès International des Sciences Anthropologiques et Ethnologiques, Compte Rendu de la Deuxième Session.* Copenhagen: E. Munksgaard, pp. 357-60.

1939f 'The scientific basis of applied anthropology', *Convegno di Scienze Morali e Storiche: Atti dei Convegni.* Roma: Reale Accademia d'Italia, 8, 99-118 (incorporated, in part, in 1945a).

1939g 'Modern anthropology and European rule in Africa', *Convegno di Scienze Morali e Storiche: Atti dei Convegni.* Roma, Reale Accademia d'Italia, 8, 880-901 (incorporated, in part, in 1945a).

1939h A. Blumenthal, *Six Essays on Culture. American Sociological Review*, 4, 588-92 (review).

1940a Introduction to *Contrapunteo Cubano del Tabaco y el Azucar* by F. Ortiz. La Habana: J. Montero, pp. i-viii.

1940b Introduction to *Fijian Frontier* by L. Thompson. New York: American Council of the Institute of Pacific Relations, pp. xviii-xxii.

1940c 'La "transculturación", su vocable y su concepto', *Revista Bimestre Cubana*, 46, 220-8 (reprinted from 1940a).

1940d W. D. Wallis, *Religion in Primitive Society. The American Journal of Sociology*, 46, 101-4.

1941a Introduction to *Married Life in an African Tribe* by I. Schapera. New York: Sheridan House, pp. i-xvii.

1941b 'An anthropological analysis of war', *. The American Journal of Sociology*, 46, 521-50 (reprinted in 1948a).

1941c 'War – past, present and future' in *War as a Social Institution: The Historical Perspective*, ed. by J. D. Clarkson and T. C. Cochran. New York: Columbia University Press, pp. 21-31.

1941d 'Man's culture and man's behavior' part 1, *Sigma Xi Quarterly*, 29, 170-96 (continued in 1942a, reprinted with 1942a in 1942b and 1962a).

1942a 'Man's culture and man's behavior' part 2, *Sigma Xi Quarterly*, 30, 66-78 (see 1941d).

1942b 'The scientific approach to the study of man' in *Science and Man*, ed. by R. N. Anshen. New York: Harcourt, Brace, pp. 207-42 (same as 1941d and 1942a).

1942c K. N. Llewellyn and E. A. Hoebel, *The Cheyenne Way. National Lawyers Guild Review*, 11, 1-12 (review; the title reads 'A new instrument for the interpretation of law - especially primitive').

1942d K. n. Llewellyn and E. A. Hoebel, *The Cheyenne Way. Yale Law Journal* 51, 1237-54 (same as 1942c, including the title).

1942e 'Inaugural address', *Bulletin of the Polish Institute of Arts and Sciences in America*. 1, (2), 76-7 (summary of an address given on the opening of the Polish Institute in New York).

II. 사후 출판목록

1943a 'The pan-African problem of culture contact', *The American Journal of Sociology*, 48 (6), 649-65.

1944a *Freedom and Civilization*. With a Preface by V. Malinowska. New York: Roy. Pp. xiv, 338.

1944b *A Scientific Theory of Culture and Other Essays*. With a Preface by H. Cairns. Chapel Hill, N.C.: The University of North Carolina Press. Pp. ix, 228.

1944c 'Human nature, culture and freedom', in *A Revaluation of Our Civilization* by F. H. Wulsin and others. Albany: Argus Press, pp. 84-13.

1945a *The Dynamics of Culture Change: An Inquiry into Race Relations in Africa*, ed.

by P. M. Kaberry. New Haven: Yale University Press. Pp. xiv, 171.

1946a Preface to *Peasant Life in China* by Hsiao-Tung Fei. New York: Oxford University Press, pp. xiii-xx.

1946b 'Śmiertelny problemat', *Przegląd Socjologiczny*, 8, 103-18 (a translation of 1936f).

1947a Introduction to *Cuban Counterpoint: Tobacco and Sugar* by F. Ortiz. New York: Knopf, xiv-xvi (translation of 1940a).

1948a *Magic, Science and Religion and Other Essays*. Selected and with an Introduction by R. Redfield. Boston: Beacon Press (includes 1925a, 1926b, 1916a, 1923a and 1941b).

1949a *Eine wissenschaftliche Theorie der Kultur und andere Aufsätze*. Herausgegeben von P. Reiwald. Mit einer Einleitung des Herausgebers: Malinowski und die Ethnologie. Zürich: Pan-Verlag (contains translations of 1944b and 1924a).

1951a *Kultur und Freiheit*. Wien: Humboldt (a translation of 1944a).

1954a *Magic, Science and Religion and Other Essays*. Introduction by R. Redfield. New York: Anchor Books (an abbreviated paperback edition of 1948a, containing 1925a, 1926b and 1916a).

1956a *Marriage: Past and Present: A Debate Between Robert Briffault and Bronislaw Malinowski*. Edited and with an introduction by M. F. A. Montagu. Boston: Sargent. Pp. 90 (contains 1931g, 1931h, 1931i and 1931j).

1957a Bronislaw Malinowski and Julio de la Fuente, 'La economia de un sistema de mercados en Mexico. Un essayo de etnografia contemporanea y cambio social en un ville Mexicano', *Acta Anthropologica*, Epoca 2, vol. 1, no. 2 (Spanish translation of manuscript posthumously published in English as 1982a).

1958a *Szkice z teorii kultury*. Warszawa: Książka i Wiedza (contains translations of the following: 1944b, 1945a, 1938g, 1925a and 1926b).

1962a *Sex, Culture and Myth*. New York: Harcourt, Brace & World. Pp. 346 (contains

the following: 1913d, 1914a, 1922c, 1923c, 1923e, 1924e, 1928b, 1928c, 1929d, 1929e,
1930a, 1930b, 1930f, 1931e, 1934c, 1936a, 1936d, 1937d, 1938h, 1939c, 1941f, 1942a,
as well as two previously unpublished pieces: 'Aping the ape' and 'Myth as a dramatic
development of dogma').

1963a *The Family Among the Australian Aborigines. A Sociological Study*. Introduction
by J. A. Barnes. New York: Schocken. Pp. xxx, 322 (a new edition of 1913a).

1965a *Coral Gardens and Their Magic*, vols. 1-2. With an introduction by E. R.
Leach. Bloomington, The University of Indiana Press (a reprint of 1935a with a new
Introduction).

1967a *A Diary in the Strict Sense of the Term*. Preface by V. Malinowska. Introduction
by Raymond Firth. Index of native terms by Mario Brick. New York: Harcourt,
Brace & World. Pp. xxii, 315.

1976a 'Śmiertelny problemat', *Przegląd Socjologiczny*. 28 (1-4), 314-29.

1980a *Wierzenia pierwotne i formy ustroju społecznego, in Dzieła*, vol. 1. Warszawa:
Polskie Wydawnictwo Naukowe (second edition of 1915a).

1980b *O zasadzie ekonomii myslenia*. (unpublished doctoral dissertation), *ibid*.

1980c *Zwyczaj i zbrodnia w społeczności dzikich, in Dzieła*, vol. 2, *ibid*. (translation
of 1926a).

1980d *Życie seksualne dzikich, ibid*. (translation of 1929a).

1981a *Argonauci Zachodniego Pacyfiku, in Dzieła*, vol. 3, *ibid*. (translation of 1922a).

1982a *Malinowski in Mexico. The Economics of the Mexican Market System*.
Introduced and edited by Susan Drucker-Brown. London: Routledge and Kegan
Paul.

1984a New edition of first two volumes of *Dzieła*.

1986a *Ogrody koralowe i ich magia*, vol. 1, in *Dzieła*, vol. 4, *ibid*. (translation of 1935a).

색인

전경수

인류학자. 1949년에 태어났다. 서울대학교 문리과대학 및 동 대학원을 졸업하고 1982년
에 미네소타대학에서 인류학 박사학위를 취득했다. 1982년부터 서울대학교 인류학과
교수로 재직하고 2014년에 은퇴하여 현재 동 대학교 명예교수로 있다. 주요 저서로 『한
국문화론』(전4권), 『문화의 이해』, 『한국인류학 백년』, 『브라질의 한국이민』, 『까자흐스
탄의 고려인』(편), 『베트남일기』, 『똥이 자원이다』, 『환경친화의 인류학』, 『탐라·제주의
문화인류학』, 『손진태의 문화인류학』, 『백살의 문화인류학』, 『인류학과의 만남』, 『문화시
대의 문화학』, 『사멸위기의 문화유산』(편), 『우즈베키스탄에서 배운다』(편), 『파푸아에서
배운다』(편) 등이 있다.

인류학자 말리노브스키

1판 1쇄 찍음 2018년 10월 4일
1판 1쇄 펴냄 2018년 10월 10일

지은이 전경수
펴낸이 정성원·심민규
펴낸곳 도서출판 눌민

출판등록 2013. 2. 28 제25100-2017-000028호
주소 서울시 마포구 월드컵로10길 37, 서진빌딩 401호 (04003)
전화 (02) 332-2486   팩스 (02) 332-2487
이메일 nulminbooks@gmail.com

ⓒ 2018 전경수

Printed in Seoul, Korea

ISBN 979-11-87750-19-2 93300

• 이 도서는 한국출판문화산업진흥원 2018년 우수출판콘텐츠 제작 지원 사업
  선정작입니다.
• 이 도서의 국립중앙도서관 출판예정도서목록(CIP)은 서지정보유통지원시스템
  홈페이지(http://seoji.nl.go.kr)와 국가자료종합목록시스템(http://www.nl.go.kr/
  kolisnet)에서 이용하실 수 있습니다. (CIP제어번호 : CIP2018029678)